Andreas Itzhak Rehberg

Die besten Android-Apps

Andreas Itzhak Rehberg

Die besten Android-Apps

Android-Systemtools • Fotografie & Freizeit • Büro-Tools, Schule und Studium

Mit 170 Abbildungen

Bibliografische Information der Deutschen Bibliothek

Die Deutsche Bibliothek verzeichnet diese Publikation in der Deutschen Nationalbibliografie; detaillierte Daten sind im Internet über http://dnb.ddb.de abrufbar.

© 2012 Franzis Verlag GmbH, 85540 Haar bei München

Herausgeber: Ulrich Dorn
Satz: DTP-Satz A. Kugge, München
art & design: www.ideehoch2.de
Druck: GGP Media GmbH, Pößneck
Printed in Germany

ISBN 978-3-645-60179-5

Inhaltsverzeichnis

Die besten Android-Apps

Über die Android Market-App besorgt sich der neue Android-Jünger in der Regel seine Apps. Die Fülle an Apps kann hier grob nach Rubriken durchblättert oder, so der Name der gesuchten App bekannt ist, auch gezielt durchsucht werden. Letzteres ist natürlich ebenfalls nach Stichwörtern möglich, die im Namen oder der Beschreibung einer App vorkommen. Aufgrund der großen Anzahl an im Market verfügbaren Apps ist das Ergebnis aber nicht unbedingt immer befriedigend. Filtermöglichkeiten – etwa das Ausblenden unerwünschter Entwickler oder das Ausschließen bestimmter Begriffe – gibt es in der App leider nicht.

Etwas komfortabler wird das Ganze, wenn man die Website des Market mit dem Browser am PC benutzt: Hier lassen sich viele der aus der »erweiterten Google-Suche« bekannten Tricks anwenden – etwa um mit einem dem Begriff vorange-stellten »-«Minuszeichen Begriffe auszuschließen. So findet man Apps z. B. zum Thema Scuba-Diving (Sporttauchen) durch eine Suche nach »+scuba -log« (oder »+dive -log« – jeweils ohne die Anführungszeichen), schließt dabei jedoch Log-bücher aus. Die Informationen lassen sich hier am größeren Bildschirm auch weit bequemer sichten.

Ist die gesuchte App gefunden, kann sie überdies, sofern man mit seinem Google-Account angemeldet ist, mit einem einfachen Klick auf den Button *Installieren* auf den Androiden befördert werden: Schon wenige Sekunden später sieht man dort in der Regel den Download und kann schließlich auch den Installationsprozess starten. Sind mehrere Geräte mit demselben Google-Account verknüpft, lässt sich das gewünschte Zielgerät natürlich auswählen. Auch filtert der Market automatisch die Apps aus, die mit dem Zielgerät nicht kompatibel sind.

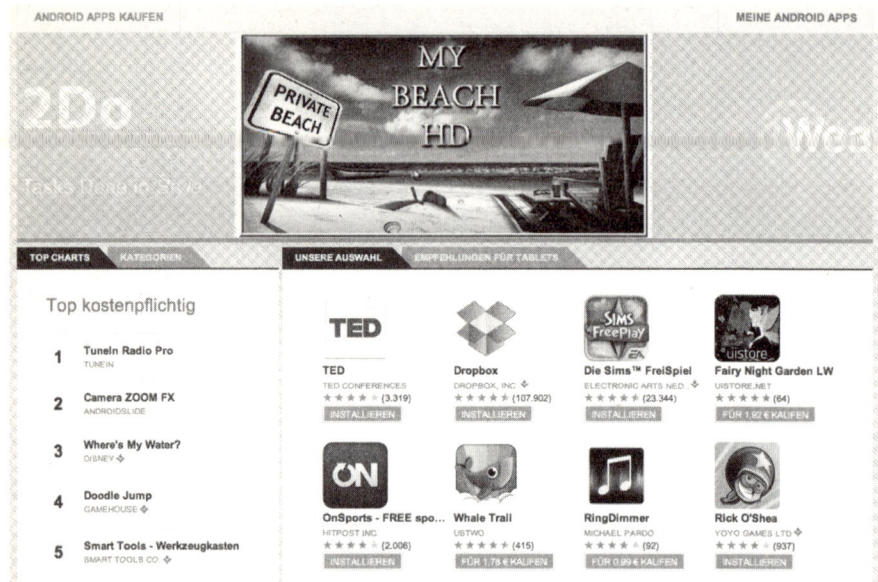

Einkaufstour im Android Market.

1   AndroidPIT

Market-Alternativen? Derer gibt es viele: AndroidPIT, PDassi
und andere. Da fällt es schon bald schwer, über alle auf dem
Laufenden zu bleiben, denn es kommen ja auch ständig neue
hinzu. Daher kann diese Übersicht keinesfalls vollständig sein –
vielmehr beschränke ich mich auf ein paar Beispiele, die mir
besonders sinnvoll erscheinen. Eines ganz zu Anfang: Auch
wenn es durchaus sinnvoll sein kann, mit mehreren verschiedenen dieser Alternativen parallel zu arbeiten, empfiehlt es sich,

https://www.
androidpit.de/de/
android/apps/
shop

Einkäufe immer an der gleichen Stelle zu machen. Sonst verliert man recht leicht
den Überblick – und weiß etwa nach einer Neuinstallation oder dem Wechsel auf
ein neues Gerät nicht mehr, aus welchem Market man nun die gekaufte App wieder
bekommt, ohne sie nochmals bezahlen zu müssen.

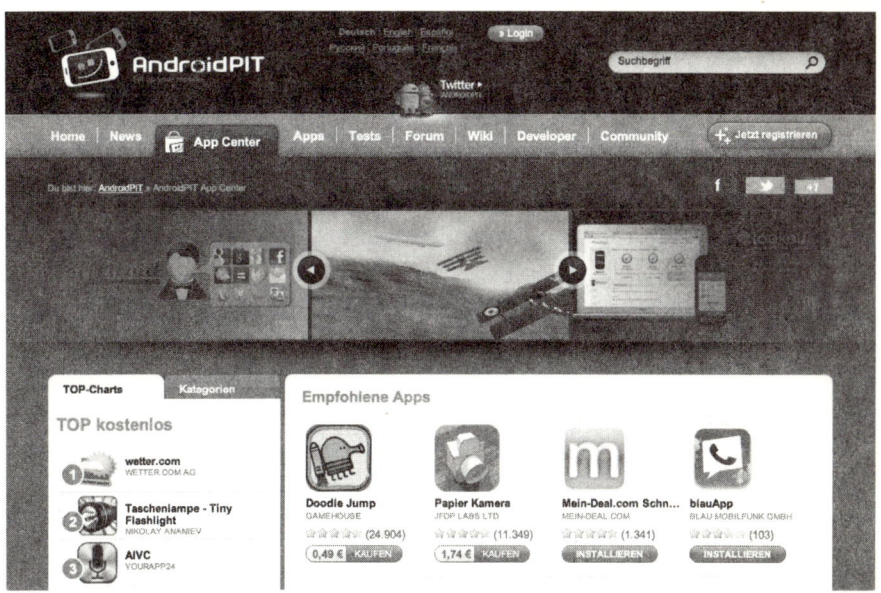

Einkaufstour in AndroidPit.

Bevor ich irgendetwas anderes hier erwähne, möchte ich auf *Apps* bei AndroidPIT eingehen. Wem das Stöbern im Android Market mit der Market-App zu unbequem ist, der sollte auf der AndroidPIT-Website nämlich unbedingt mal auf *Apps* klicken: Hier finden sich zu vielen Apps nicht nur Bewertungen aus dem Market und von den AndroidPITiden, sondern oftmals auch Testberichte, die die ganze App durchleuchten und so schon vor der Installation einen genaueren Einblick erlauben. Nicht selten sind es sogar mehrere Testberichte pro App, die sich dann auf unterschiedliche Versionsstände beziehen – auf diese Weise bekommt man gleich noch ein Gefühl dafür, wie sich die App entwickelt hat. Und das findet man wirklich nicht überall – wie auch die Möglichkeit, sich die Bewertungen und Kommentare aller Sprachen zusammen anzeigen zu lassen. Gerade bei wenig bewerteten Apps muss man so nicht lange danach suchen.

Nicht zu vergessen sind auch die themenbezogenen Übersichten im Forum, auf die in diesem Buch häufig Bezug genommen wird.

Hinzu kommen, für immer mehr Apps, Links zum direkten Download. Dies ist besonders interessant für die »Geschädigten kleiner Displays«, beispielsweise beim HTC Wildfire, die über die Market-App oft nur ein »Item not found« zu sehen bekommen.

http://www.androidpit.de/de/android/forum/thread/409715/

Wer das direkt auf seinem Androiden tun möchte, der greift zum **AppCenter.** Auch hier besteht die Möglichkeit, nach Kategorien zu browsen, Filter einzusetzen und mehr.

Und ein weiteres Plus bietet AndroidPIT in dieser Hinsicht: mehr Flexibilität, wenn es ums Bezahlen geht. Klar geht auch hier die Kreditkarte, und PayPal gab's ebenfalls schon, bevor es im »offiziellen Markt« eingeführt wurde. Weitere Zahlungsmöglichkeiten kommen aber ständig dazu. Einziger Haken: Nicht jede Kauf-App lässt sich hier erwerben – dazu müssen sich die Entwickler mit AndroidPIT entsprechend einigen. Aber auch das werden täglich mehr.

Ach ja: So manche App, die man mit seinem »zu kleinen« Gerät im offiziellen Market gar nicht zu sehen bekäme, lässt sich mit Leichtigkeit finden und installieren. Und auch die Vorschläge von alternativen Apps sind nirgends so treffsicher wie hier – weil handverlesen und kontrolliert. Die »automatischen Vorschläge« aus dem Android Market finden sich als Ergänzung dahinter. Ganz zu schweigen von den Testberichten, die auch in der App einsehbar sind, und dem Zugang zum Forum.

Lange Rede, kurzer Sinn – los geht's! Kommen Sie mit auf eine Entdeckungsreise zu den derzeit besten Android-Apps.

2   Augmented Reality

Hier wird die Realität erweitert – denn nichts anderes bedeutet die Übersetzung des Begriffs »Augmented Reality«. Dazu werden mehrere Dinge gemischt: Das Kamerabild wird mit weiteren Informationen versehen. Meist mit Daten eines oder mehrerer Sensoren. Oder mit Karteninformationen. Oder weiteren Informationen zu auf dem Bild ersichtlichen Objekten. Oder auch einer Mischung mehrerer Komponenten.

Compass Ball

Compass Ball

Compass Ball zeigt die Richtungsdaten, als säße man im Kompass.

Eine der einfacheren (aber dennoch wirkungsvollen) Varianten stellt hier **Compass Ball** dar: Nicht einmal 30 KByte Download erfordert dieses kleine Tool. Und prompt sitzt man im Kompass und schaut heraus auf die Umgebung. Nette Sache!

Google Goggles

Google Goggles

Google Goggles

Etwas komplexer wird es da schon bei **Google Goggles**. Hier ist Augmented Reality eigentlich nur ein Teilaspekt der App, wie im Screenshot zu sehen: Wo bin ich eigentlich, und was schaue ich da gerade an? Auf Wunsch kann **Goggles** entsprechende Informationen einblenden. Das funktioniert auch ohne aktiviertes GPS (wie hier im Bild), mit GPS sind die Informationen natürlich etwas genauer. Und manche scheint die App auch nur preiszugeben, wenn GPS aktiviert ist.

Wenn ich schon **Goggles** hier erwähne, dann möchte ich auch noch kurz einige weitere Features der App nennen – im übertragenen Sinne lassen sie sich ja alle in dieser Kategorie unterbringen: Man macht Fotos von realen Dingen – und **Goggles** sagt einem, was man da fotografiert hat: DVDs und Bücher (**Goggles** nennt Titel, Preis und Erwerbsquellen), Logos, Kunstwerke (geniale Sache zum Angeben: kurz ein Foto machen und dann wissend tun, dass van Gogh dieses Gemälde namens ... im Jahre ...), Barcodes (Produktinfos und Kaufangebote), Visitenkarten (Übernahme der Daten in die Kontaktliste) und mehr.

Wikitude

Damit ist das Thema jedoch lange nicht ausgeschöpft. Zu nennen wären da noch Apps wie **Wikitude** und **Mixare**, die nicht nur mitteilen, was man unmittelbar sieht, sondern auch auf der Karte einblenden, was es in Blickrichtung (und in welcher Entfernung im eingestellten Radius) noch Interessantes zu sehen gibt.

Wikitude

Google Sky Map

Oder wenn es jemanden nicht auf der Erde hält: Mit **Google Sky Map** oder **Satellite AR** den Sternhimmel erkunden – was ist da gerade im Blickfeld? Sternbilder, Satelliten? Und wer ohnehin schon ein wenig durcheinander ist, kann auch gleich virtuelle (oder echte) Objekte jagen und abschießen (im Fall von echten Objekten à la Paintball) – genug Spielmaterial gibt es auch dafür. Nähere Informationen und mehr Details finden sich natürlich im passenden Forum-Thread.

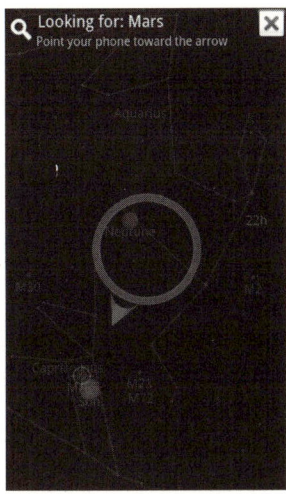

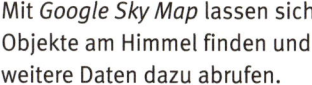

Google Sky Map

http://www.androi
dpit.de/de/androi
d/forum/thread/4
09779/

Mit *Google Sky Map* lassen sich
Objekte am Himmel finden und
weitere Daten dazu abrufen.

3 Datenzugriff vom PC

Auch die zierlichsten Frauenhände stoßen auf dem Androiden schnell an ihre
Grenzen – und so richtig Spaß macht das auf den kleinen Bildschirmen dann nicht
wirklich. Abgesehen davon, dass man immer erst suchen muss – wo war diese
Option doch jetzt gleich noch? – und oftmals schmerzlich eine »richtige Tastatur«
vermisst. War da noch was? Genau, Inhalte sollen ja ebenfalls noch von A nach B
und umgekehrt, also zwischen PC und »dem Kleinen« ausgetauscht werden.

MyPhoneExplorer

Die beliebteste Lösung für dieses Problem heißt **MyPhoneEx-**
plorer – benötigt aber auf PC-Seite ein Windows-Programm
und ist somit nur für Windows verfügbar. Das hier Vorgestellte
sollte aber möglichst für alle Anwender eine Option sein. Also
greife ich nicht zum Nächstbesten, sondern zum Nächsten und
Besten:

MyPhoneExplorer-
Client

PAW Server

PAW Server

PAW Server ist unabhängig von jeglicher Plattform, was den PC betrifft. Auf diesem wird nur ein Webbrowser benötigt – alles andere erledigt die App unter Android, wobei der Androide über WLAN bereitgestellt wird. **PAW Server** lässt sich dabei sehr sicher konfigurieren: Nicht nur, dass sich ein gutes Passwort wählen lässt, auch das sichere HTTPS-Protokoll steht hier zur Verfügung. So kann man durchaus erwägen, im Bedarfsfall eine Portfreigabe am Internetrouter zu erstellen, um sich z. B. von einem Fachmann helfen zu lassen. Auf der anderen Seite ist es auch kein Problem, bei Freunden/Verwandten auf diese Weise auf seinen Liebling zuzugreifen: Es wird ja keine Zusatzsoftware benötigt.

PAW Server nach dem Start auf dem Androiden.

Wie auch beim eingangs genannten MyPhoneExplorer lassen sich mit **PAW Server** Anruflisten, SMS, Kontakte etc. einsehen, Anrufe initialisieren, SMS schreiben und mehr. Und wenn sich der Hund »den Knochen« geschnappt und verschleppt hat, selbigen per Knopfdruck zum Klingeln bringen (den Knochen, nicht den Hund!), um festzustellen, wo beide denn nun abgeblieben sind. Vorausgesetzt, die beiden haben beim Spielen nicht das WLAN-Signal verloren.

Natürlich ist auch ein Dateimanager enthalten. Fotos lassen sich ebenfalls durchstöbern – auf Wunsch sogar eines davon als neues Hintergrundbild festlegen –, außerdem kann der Androide als Diktier- oder Vorlesegerät, Musikplayer oder auch als Webcam genutzt werden – und vieles mehr.

Programmierern stehen darüber hinaus zahlreiche Schnittstellen zur Verfügung, mit denen sich die Funktionalität erweitern lässt – und umgekehrt können sie auch ihre Apps um Funktionalitäten des **PAW Server** anreichern.

Remote Web Desktop

Wer sich nicht gern auf ein Desktop-Betriebssystem einschließlich zugehöriger PC-Applikation festlegen lässt, es aber dennoch grafisch nett haben möchte, der sollte einen Blick auf **Remote Web Desktop** werfen. Nomen est omen: Man hat bei dieser App tatsächlich den Eindruck, einen vollständigen Desktop vor sich zu haben. Und das ganz einfach im Webbrowser, ohne Bedarf an zusätzlicher Software! Auch ein Datenkabel ist überflüssig, da alles über WLAN ablaufen kann.

Remote Web Desktop

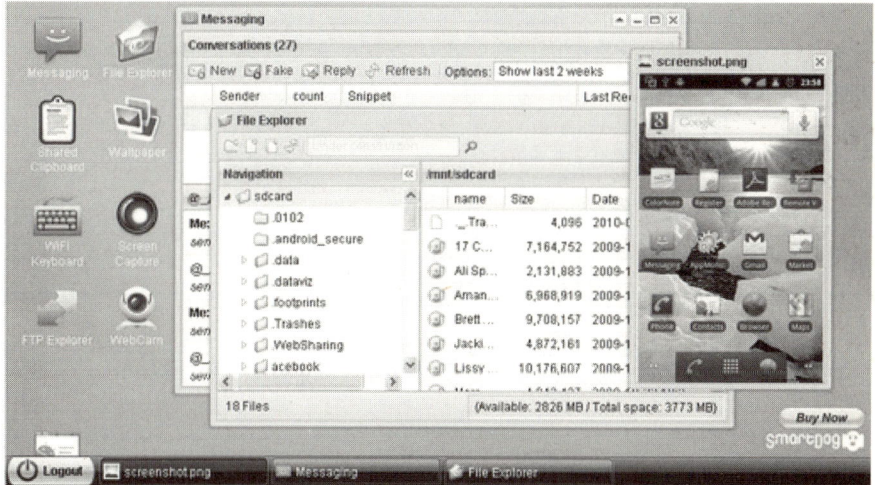

Remote Web Desktop bietet echtes Desktop-Feeling bei der Bedienung des Androiden.

Die Dateiverwaltung ist wahlweise über den integrierten Dateimanager – im Browser – oder aber auch mit einem beliebigen Client unter Nutzung des ebenfalls integrierten FTP-Servers möglich. Noch eines obendrauf gesetzt: Auch ein VNC-Server und -Client ist mit an Bord. Ein WiFi-Keyboard registriert sich auf dem

Androiden als Eingabemethode und lässt sich so als alternative Tastatur verwenden.

Des Weiteren bietet die App die Möglichkeit, vom PC aus Kurznachrichten zu lesen und zu schreiben, die Kontakte zu verwalten, Screenshots zu erstellen, die Webcam zu nutzen, Apps zu sichern und vieles mehr. Sogar ein persönlicher Webserver lässt sich damit auf dem Androiden realisieren – oder der Zugriff für einen irgendwo in der Ferne sitzenden Spezialisten via Netzwerkbrücke umsetzen, während man gerade im mobilen Netz unterwegs ist. Beinahe vergessen hätte ich jetzt die

http://www.
androidpit.de/de/
android/forum/
thread/427833/

Möglichkeit, dass sich mithilfe von **Remote Web Desktop** PC und Androide eine Zwischenablage teilen können. Sowohl **PAW Server** als auch **Remote Web Desktop** sind also eine gute Wahl. Wer sich allerdings vor einer Entscheidung noch mögliche Alternativen anschauen möchte, findet dazu einen passenden Thread im Forum von AndroidPIT.

PAW Server, wie es sich auf dem PC-Bildschirm präsentiert.

4   Datenaustausch mit dem PC

Alles klar: USB-Kabel anschließen, und die Karte wird am PC freigegeben. Weiß doch jeder! – Ja, schon, aber zum einen ist das umständlich, zum zweiten ist laut Murphy genau dann kein Kabel zur Hand, wenn man es bräuchte, und zum dritten ist es ja so was von uncool und unzeitgemäß. Kurzum, es gibt weit Bequemeres als ein Kabel. Wobei man dem Kabel natürlich zugutehalten muss: Eine sichere Übertragung ist gewährleistet und keine Zusatzsoftware nötig.

SwiFTP

Warum nicht auf dem Androiden Freigaben erstellen und diese via WLAN nutzen? So etwas funktioniert sogar unter Windows! Und was ist mit Android? Ja, auch bei Android klappt's. Einfach und ressourcenschonend als FTP-Server z. B. mit SwiFTP: Das Installationspaket unter Android bringt keine 80 KByte auf die Waage, und der Zugriff funktioniert unter

SwiFTP

Windows, Mac OS und Linux gleichermaßen einfach: Browser öffnen und die auf dem Android-Screen angezeigte URL eintippen. Schon lässt sich durch das Dateisystem navigieren. Tipp: Unter Windows in die Maske bei *Start/Ausführen* eingeben bzw. unter Linux [Alt]+[F2] drücken, das öffnet den Service dann im Explorer bzw. in Konqueror (KDE3) oder Dolphin (KDE4).

SwiFTP Server für die Verbindung via FTP.

FileZilla

Und wem das alles nicht richtig zusagt, der greift auf dem PC zu Drittanbieteranwendungen wie FileZilla. Dank vom Entwickler bereitgestellter Proxyfunktion lässt sich mit SwiFTP sogar über das mobile Datennetz der Dienst zugänglich machen.

FileZilla

WebSharing

Zu spartanisch? Wer es lieber grafisch mag und auch Fotos und Videos sowie die Musiksammlung anhand von Covern verwalten möchte, kann zu **WebSharing** greifen. Bezahlt wird dieser zusätzliche Komfort nicht zuletzt in Kilo- oder besser Megabyte, und deren gleich zwei – so groß ist nämlich diese App. Da liegen Welten dazwischen.

WebSharing

Samba Filesharing

Auch »echte« Windows-Freigaben sind möglich, z. B. mit **Samba Filesharing**. Nicht zu vergessen WebDAV mittels **DavDrive** vom Macher des bereits genannten PAW Server.

Samba Filesharing

5   Fernbedienung

Kommen wir uns nicht alle hin und wieder etwas fremdgesteuert vor? Und was fällt uns dazu bei unserem Androiden ein? Das Logischste und Naheliegende ist, ihn als Fernsteuerung zu benutzen.

http://www.
androidpit.de/de/
android/forum/
thread/410034/

PCs fernsteuern

Ach so – dachte da jemand vielleicht an etwas anderes? Kommt auch noch, weiter unten ... Aber zunächst schauen wir mal, wie wir unseren PC fernsteuern können. Natürlich mit unserem Androiden. Und da gibt es Apps für alles Mögliche: Androide als Maus- oder Tastaturersatz, zur Bedienung von

PowerPoint-Präsentationen, zur Steuerung verschiedener Multimedia-Software wie Winamp, iTunes, VLC & Co. Auch Torrents im Blick behalten ist kein Problem.

▶ Teamviewer

Will man gar den gesamten PC fernsteuern, ist auch das möglich. Auf den Mini-Displays so mancher Smartphones wird das sicher alles andere als bequem sein, aber es gibt schließlich auch noch Tablets und zahlreiche Lösungen, sowohl für Windows, Mac und Linux als auch systemübergreifend.

Für den Privatgebrauch ist das kostenlos – Firmen können entsprechende Lizenzen erwerben. Wer Bedenken hat, dass da der »Man-in-the-Middle« zu sehr mithorchen könnte, der greift halt zu einer der anderen Lösungen – über VNC oder RDP. Mit Firewall dazwischen wird es allerdings schwierig.

Teamviewer

Für Letztgenanntes hat sich in letzter Zeit **Teamviewer** etabliert, der sogar durch Firewalls hindurch funktioniert. Hierfür installiert man auf den zu steuernden PCs den passenden Client – und natürlich auf dem Androiden. Die Verbindung wird nun über einen Server von **Teamviewer** aufgebaut: Steckt der zu steuernde Rechner hinter einer Firewall, wird die Kommunikation vom **Teamviewer**-Server gemanagt. Andernfalls reicht dieser die Verbindung einfach durch.

http://www.
teamviewer.de/

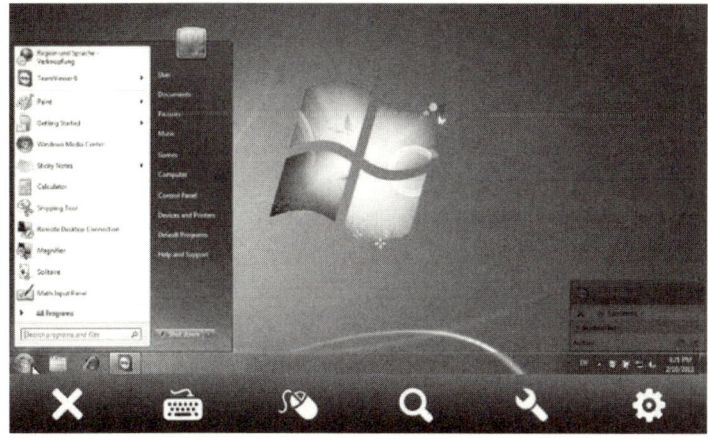

Mit *Teamviewer* lässt sich der PC fernbedienen.

Und wem jetzt eine Liste möglicher Apps zu diesem Thema fehlt, der werfe bitte einen Blick auf den AndroidPIT-Forum-Thread.

Androiden fernsteuern

Huch? Wo isser denn? Piep doch mal! Ja, das geht nicht nur mit dem neuen HTC Sense-Webservice. Das ist auch möglich ohne seine Daten einem fremden Service anzuvertrauen. Selbst wenn es dann wahrscheinlich nicht überall greift – aber meist hat man das »kleine Ding« ja eher im eigenen Zuhause verlegt.

Das mächtigste Werkzeug in diesem Bereich ist sicher der **PAW Server**. Ja, die App möchte einige Berechtigungen haben – aber sie muss schließlich auf all das zugreifen können, was gesteuert werden soll. Etwa SMS. Oder ein Foto machen. Oder irgendwelche Daten vom Phone zotteln. Alles kein Thema; sogar ein Plug-in für Tasker und Locale wird bereitgestellt. Bei laufendem **PAW Server** verwaltet man sein Phone dann bequem aus dem Webbrowser heraus.

Als Alternative dazu wäre **MyPhoneExplorer** zu nennen – das allerdings ein Windows-System mit dort installiertem Desktop-Client voraussetzt. Dann kümmert es sich aber unter anderem auch um den Datenabgleich mit Outlook, Thunderbird, Sunbird, Lotus Notes, Tobit Davis, Windows Kontakte, Windows Kalender etc. sowie um Backups, das Verwalten von SMS-Nachrichten, Anruflisten, Dateien, Anwendungen.

MyPhoneExplorer Client

Multimedia-Geräte fernsteuern

Oh ja, der Wust an Fernbedienungen auf dem Tisch oder Sofa. Und genau die, die man gerade benötigt, sind natürlich nicht dabei. All-in-one? Entweder zu teuer oder nicht passend von der Belegung her. Welche Taste war's doch gleich noch mal? Aber der Androide, der ist doch immer am Mann, kann man den nicht gleich? Aber klar doch, man kann!

http://www.androidpit.de/de/android/forum/thread/410038/

▶ Controloid

Auch hier steht gleich wieder eine ganze Armee von Helferlein zur Verfügung. Aber auch wieder nicht für alles. Der große Haken: Die meisten gängigen Fernbedienungen funktionieren über Infrarot. Dafür haben »moderne Smartphones« aber weder

Empfänger noch Sender. (Warum eigentlich nicht? Hallo, Herr Steller vom Hersteller?) Bleibt natürlich das IP-Netzwerk und daran angeschlossene IP-fähige Geräte, sofern man keinen passenden Adapter hat. (Och, so was gibt's also auch? – In der Tat!). Dreamboxen können das – und die guten alten DM70x0 (aber auch neuere) kann man z. B. mit **Controloid** bequem steuern. Und man sieht schon vor dem Umschalten, was einen da erwartet.

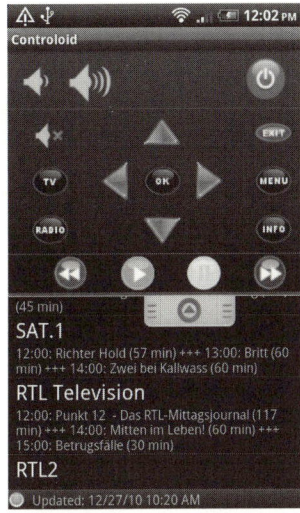

Controloid

Controloid kann zur Steuerung von Dreamboxen (Set-Top-Boxen von Dream Multimedia) genutzt werden.

▶ **VPlayer**

Voraussetzung ist hier lediglich Enigma 1 oder 2. Im Zusammenspiel mit einem Streaming-fähigen Videoplayer, z. B. **VPlayer**, kann man damit auch direkt auf seinem Androiden das aktuelle Programm verfolgen oder die Konserven abspielen.

Eine ganze Reihe weiterer Geräte lässt sich ähnlich fernbedienen: etwa verschiedene Blu-ray-Player von LG und Sony, netzwerkfähige Receiver von Denon, Marantz und Yamaha, diverse TVs und mehr. Wo sich dazu weitere Informationen finden, ist sicher nicht schwer zu erraten: Ja, auch hierfür gibt es einen Thread im Forum.

VPlayer

Haushaltsgeräte fernsteuern

▶ EzControl

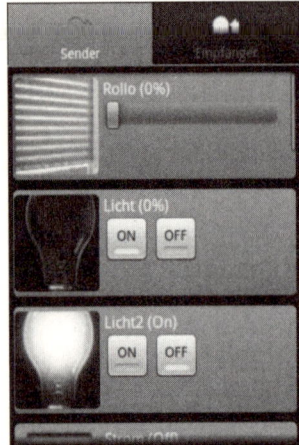

http://www.
androidpit.de/de/
android/forum/
410039/

EzControl

Mit *EzControl* lassen sich Geräte im Haushalt steuern.

Bei Multimedia ist natürlich noch lange nicht Schluss, wir können mehr! Auch das Licht zum Beispiel. Oder andere Dinge. Mit der richtigen Hardware und z. B. der App **EzControl** lässt sich so einiges steuern. Dazu braucht es allerdings in diesem Beispiel eine **EzControl XS1**, die verschiedene Hersteller und Standards unterstützt.

Andere Apps unterstützen wieder andere Standards, wie etwa **KNXDroid** für EIB/KNX oder **AutoHTN** für ZWave. Also ist für fast jeden etwas dabei.

▶ IP Cam Viewer

Und wer eine Videoüberwachung benötigt ... Je nach Geldbeutel ist diese mit Webcams oder »richtig guten« IP-Cams ausgestattet. **IP Cam Viewer** unterstützt eine lange Liste von Kameras. **Jolicam** verspricht sogar, aus einer Webcam gleich ein vollwertiges Surveillance-System zu machen.

IP Cam Viewer

▶ AndRovio

Und natürlich gibt es wiederum spezielle Apps für spezielle Kameras. Selbst wenn ein Eindringling mit einer Kamera verfolgt werden soll, stellt das unseren Androiden nicht vor unlösbare Aufgaben: Die richtige Hardware vorausgesetzt, sorgt die App **AndRovio** für die passende Steuerung.

AndRovio

Übrigens, nicht nur James Bond, sondern auch jeder Normalo kann sein Auto fernsteuern. Nein, nicht das kleine Spielzeugauto – das große. Zum Beispiel mit **CarLink** oder **OnStar**. Die Apps gibt es gratis – das dazu passende Auto eher nicht.

Server überwachen

Vom Haus zum Housing: Irgendwo steht der/stehen die Server, und keiner weiß, was auf ihnen eigentlich abgeht. Natürlich können wir auch diese überwachen. Und wenn es um Serverüberwachung geht, fällt uns natürlich als Erstes Nagios ein. Genau dafür ist die App **Nagi** gedacht. Alles grün? Prima, dann gibt es auch keine Probleme. Oder der problematische Service ist einfach noch nicht in Nagios eingebunden.

▶ Nagi

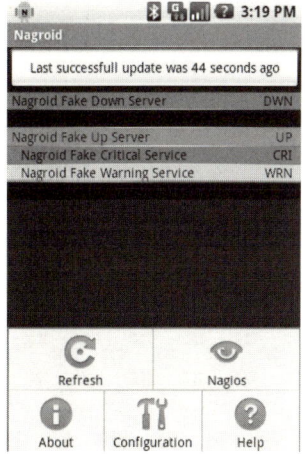

Nagi

Nagi dient der Serverüberwachung.

Doch **Nagi** beschränkt sich nicht auf einfache Statusmeldungen – bei Bedarf können auch weitere Details, etwa Statistikgraphen, abgerufen werden. Sogar konfigurierte Aktionen lassen sich vom Androiden aus damit auslösen. Zu viele Services konfiguriert oder zu viele Maschinen überwacht? Die Ausgabe lässt sich auch filtern. Widgets befinden sich ebenfalls im Lieferumfang.

Nagios ist »zu fett« für Ihren Bedarf? Sie wollten ja eigentlich nur wissen, ob der Webserver läuft bzw. wann er Probleme hat? Dann wären vielleicht Apps à la **Site Alert Widget** oder **HTTP Server Monitor** eine Alternative.

Weitere mögliche Apps sind in einem Forum-Thread aufgeführt. Natürlich ist auch hier die Liste keinesfalls vollständig – wer weitere Apps kennt, kann sie dort aber jederzeit gern vorschlagen.

http://www.
androidpit.de/de/
android/forum/
thread/410678/

6 Fotografie

Urlaubserlebnisse möchte man gut festhalten. Zumindest in Bildern. Manch einer schreibt auch noch Urlaubsberichte, ein anderer gar einen vollständigen Report ... Für diejenigen, die die Fotos gleich mit dem Androiden schießen wollen, gibt es gleich eine Reihe von Apps!

http://www.
androidpit.de/de/
android/forum/
thread/410035/

Wer jetzt denkt: »Klar doch, dafür ist eine Kamera-App ja vorinstalliert, das reicht aus!«, der mag im Grunde genommen damit gar nicht so falsch liegen. Doch es gibt durchaus spezielle Fälle, in denen man mit genau dieser an Grenzen stößt. Und eigentlich darüber hinaus möchte! Beispiele? Gerne doch: Wie wäre es mit dem Sonnenuntergang? Klasse Sache, aber dann fehlt es ein wenig an Details: Entweder der Sonnenuntergang ist genau richtig belichtet, dann ist der Rest zu dunkel, oder die Helligkeit stimmt insgesamt – dann ist der Effekt futsch.

HDR Camera

HDR Camera

HDR Camera kombiniert mehrere Aufnahmen zu einem Bild.

Dies ist ein typischer Fall für **HDR Camera**. Einmal ausgelöst, macht diese App gleich drei Aufnahmen: Eine davon ist korrekt belichtet, eine unter- und eine über- belichtet. Die unterbelichtete Aufnahme hat den Effekt des Sonnenuntergangs genau getroffen – aber der Rest ist zu dunkel. Bei der überbelichteten Aufnahme sind die dunklen Stellen genau richtig (aber der Rest zu hell), und das »normale« Foto ist halt so lala. Doch die App ist schlau und kombiniert das Beste aus allen drei Aufnahmen – das gibt dann den Aha!-Effekt. So eine HDR-Aufnahme ist immer dann angesagt, wenn der Abstand vom dunkelsten zum hellsten Fleck des Bildes recht groß ist. Platt gesagt, wo viel Licht ist und viel Schatten.

Fast Burst Camera und Action Snap

Dann wären da weniger ruhige Dinge, schnelle Bewegungsabläufe. Etwa beim Sport. Hier möchte man am liebsten den Auslöser gedrückt halten und die Spreu später vom Weizen trennen – zu groß ist die Gefahr, dass man sonst das beste Motiv verpasst. Genau das tun Apps wie **Fast Burst Camera** oder auch **Action Snap**.

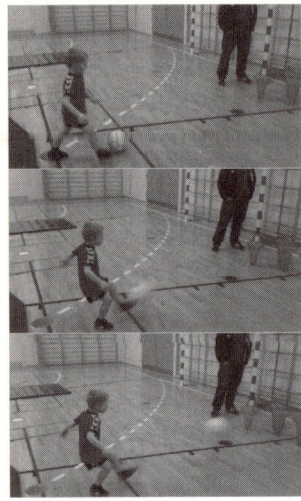

Fast Burst Camera

Fast Burst Camera ermöglicht
bis zu zehn Bilder pro Sekunde.

Bis zu zehn Bilder pro Sekunde werden so möglich. Da der
Androide bei einer solchen Geschwindigkeit allerdings mit dem
Speichern der Aufnahmen nicht nachkommen würde, müssen
Abstriche gemacht werden: Beide Apps reduzieren daher die
Auflösung des Bildes. Und beim Maximum von zehn Bildern
pro Sekunde (nur **Fast Burst Camera Pro**) müssen dann auch
die Farben draußen bleiben.

Action Snap

Photaf Panorama

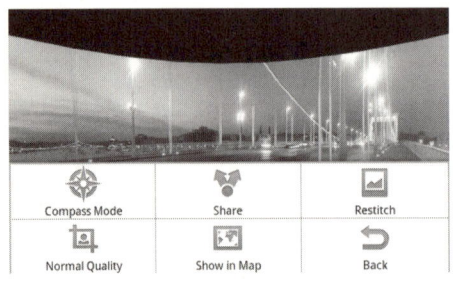

Photaf

Photaf Panorama ermöglicht
Panoramaaufnahmen.

Dann wäre da noch die Frage nach Panoramaaufnahmen. Hier kommt **Photaf
Panorama** ins Spiel. Der Name verrät es ja bereits: Beim Fotografieren einmal um

die eigene Achse gedreht und dabei den Anweisungen auf dem Bildschirm (insbesondere dem grünen Pfeil) gefolgt – schon hat man anschließend ein komplettes Rundumpanorama der Umgebung. Der passende Betrachter ist natürlich in der über 5 MByte großen Datei bereits enthalten.

Sfera

Auch **Sfera** kümmert sich um 3-D. Ja, 3-D-Panoramen – aber auch andersherum, von außen nach innen: Ein beliebiges Objekt umlaufen (nein, Betonung bitte auf der zweiten Silbe – keinesfalls auf der ersten!) und dabei fotografieren – und schon kann man es auf dem Bild von allen Seiten betrachten und sich so einen genaueren Eindruck davon verschaffen.

Sfera

Eine Übersicht verschiedener Kamera-Apps findet sich im Forum. Da gibt es nämlich noch eine ganze Reihe weiterer Möglichkeiten. Ein wenig achtgeben sollte man aber bei denen, die viele nette Effekte versprechen: So etwas geht leider zu oft auf Kosten der Bildauflösung, deshalb erledigt man einiges besser später bei der Nachbearbeitung am PC.

http://www.
androidpit.de/de/
android/forum/
thread/430891/

Für die spätere Zuordnung der Bilder sollte auch darauf geachtet werden, dass Geotagging unterstützt wird. Dies ist bei **HDR Camera+** der Fall, aber nur via GPS. **Action Snap** und **Fast Burst Camera** hingegen können dies nicht.

Eine Sache gäbe es da zum Abschluss noch zu erwähnen: Android 4.0 (aka Ice Cream Sandwich) hat bei der mitgelieferten Kamera-App fleißig nachgebessert. Sie löst zum einen schneller aus und bietet zum anderen auch einen Panoramamodus. Da könnte für manchen eine Extra-Kamera-App überflüssig werden – sofern diese Version auf dem Androiden werkelt.

Fototools

Ist da jemand mit einer Profikamera unterwegs? Nicht dass der denkt, für ihn wäre hier nichts zu finden. Es gibt nämlich sicher das eine oder andere kleine Tool, das von Interesse sein könnte.

▶ DoF Calc

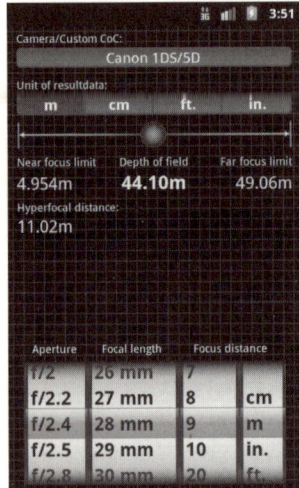

DoF Calc

DoF Calc berechnet die *Depth of field*.

Wie etwa die kleine App **DoF Calc**. Bei dieser App dreht man echt am Rad. Eigentlich sogar an mehreren, wie der Screenshot zeigt: Darüber stellt man nämlich Blendenöffnung, Fokusweite und Entfernung ein. Berechnet wird sodann das *Near focus limit*, das *Far focus limit* (also die minimale und maximale Entfernung von scharf dargestellten Objekten), die *Hyperfocal distance* (alles dahinter ist akzeptabel scharf) sowie *Depth of field* (= Far – Near, also der scharf dargestellte Bereich), basierend auf dem ausgewählten Kameramodell und den gerade genannten Eingabewerten. Mit gerade einmal 75 KByte fällt die kleine App kaum ins Gewicht.

▶ Photo Tools

Und egal ob mit der externen oder der im Androiden verbauten Kamera unterwegs: Ein richtiggehendes »Schweizer Offiziersmesser für Fotografen« gibt es mit **Photo Tools**. Denn neben diversen Berechnungstools (z. B. auch wieder **DoF**) lassen sich hier auch Mondphasen sowie die Zeitpunkte für blaue und goldene Stunden herausfinden. Ferner gibt es Farbräder, Location-Info, Wettervorhersage, einen Exif-Reader und einen Histogramm-Viewer. Sogar eine Checkliste und ein kleiner Editor sind enthalten. Wem das noch nicht genügt, den fordert der letzte Menüpunkt auf: *Request more Tools* (Verlangen Sie weitere Tools). Der gesamte Werkzeugkasten bleibt dabei sogar noch unterhalb der 1-MByte-Grenze.

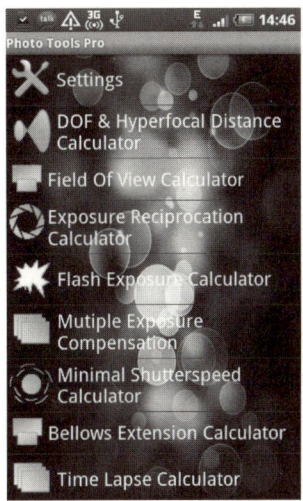

Photo Tools

Photo Tools ist das Schweizer
Taschenmesser für Fotografen.

Die wenigsten eigenständigen Kameras verfügen über einen GPS-Chip. Für qualitativ hochwertige Fotos taugen die Kameras unserer Androiden aber eher selten, wenn die Ansprüche höher werden. Wie kann man nun Fotos im Nachhinein zuordnen? »War das jetzt das Osttor oder das Westtor? Kirche A oder B?« Ersteres bekommt man ja noch mittels Sonnenstand und Uhrzeit hin, Letzteres wird schon schwieriger. Es sei denn ...

▶ Geotag Photos

Genau: Man synchronisiert die Zeit zwischen Kamera und
Androiden, erfasst die Koordinaten auf Letzterem und die
Fotos mit Ersterem. Dann gilt es später nur noch, zu jedem
Foto das Tag mit der nächsten Uhrzeit zu finden – fertig! Letzteres kann eine Desktop-App automatisiert übernehmen, das

Geotag Photos

Protokollieren hingegen **Geotag Photos**. Und schon passt alles!
Automatisch protokollieren funktioniert übrigens mit der Pro-Version in eingestellten Zeitabständen – also z. B. alle 30 Sekunden.

Geotag Photos verschafft die erwünschten Ortsdaten.

▶ Camera Remote

Wieder einmal passen nicht alle Apps hier rein. Und da gibt es noch einige. Wer beispielsweise mit mehreren Androiden unterwegs ist, kann mit der App **Camera Remote** einen davon zur Fernbedienung des anderen erklären – und so aus den unmöglichsten Perspektiven fotografieren. Der »Sucher« wird dann nämlich auf der Fernbedienung angezeigt, und dort befindet sich auch der Auslöseknopf. Diese und noch einige weitere Tools finden sich in der Übersicht bei AndroidPIT.

Camera Remote

http://www.
androidpit.de/de/
android/forum/
thread/430894/

Bildbearbeitung

Die Nachbearbeitung von Fotos geschieht in der Regel besser am heimischen PC mit einer vollwertigen Bildbearbeitungs-software wie Gimp oder Adobe Photoshop. Noch vor ein paar Tagen hätte ich sogar gesagt: ausschließlich dort. Mittlerweile bin ich jedoch zu Ausnahmen bereit.

▶ PicsIn Foto

Dazu gebracht hat mich das Demovideo auf der App-Seite von **PicsIn Foto**. Diese App ist im Market nicht mehr verfügbar und wurde offensichtlich durch **PicsArt Photo-Studio** ersetzt. Dabei kam mir nämlich der Gedanke, dass man auf diese Weise ja ganz spezielle Urlaubspost verschicken könnte.

Demovideo PicsIn Foto

Zwar bleibe ich prinzipiell bei meiner Meinung, dass man die Nachbearbeitung von Fotos lieber an einem richtigen Bildschirm macht, doch kann ich dieser App ihren Charme nicht absprechen. Und gerade im Urlaub kann so etwas wirklich praktisch sein, um z. B. eine richtig individualisierte Postkarte zu verschicken. Zurückhaltend und dennoch selbstbewusst, nennen die Macher sie »eines der besten Bildbearbeitungsprogramme«, und ich bin gern bereit, ihnen das zu glauben: Foto- und Texteffekte, Rahmen, ClipArts, Collagen ... Zugriff auf die lokalen Fotos, aber auch Picasa, Flickr & Co. kommen als Quelle in Betracht. Das Resultat lässt sich natürlich lokal speichern, aber auch wiederum bei Flickr und Kollegen. Oder aber direkt zu Facebook hochladen, per Mail verschicken ... Einige Beispielkreationen lassen sich auch auf der Website betrachten.

PicsIn-Homepage

PicsArt Photo-Studio

PicsIn wurde durch PicsArt Photo-Studio abgelöst.

▶ PicSay

PicSay

PicSay ist ein ausgewachsener Fotoeditor.

Einen nahezu vollwertigen Fotoeditor bekommt man hingegen mit der App **PicSay**. Farbkorrekturen, Sprechblasen, Titel und etliche Effekte bietet bereits die Gratis-version und verspricht dabei eine intuitive und einfache Bedienung. Die Kaufversion erweitert das noch um Hilfsmittel wie das Entfernen roter Augen, Schärfen, Zurechtschneiden, Collagen, Malen, Color Splash sowie Effekte aus den Bereichen Cross Process, Lomo, Vignette, fake HDR, Tilt-shift, Pencil Sketch und mehr.

▶ TouchUp Pro

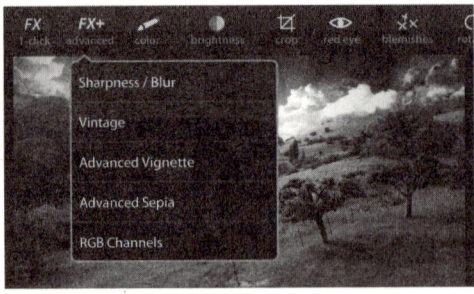

TouchUp Pro

TouchUp Pro beeindruckt als vollwertige Foto-Suite.

Von den Screenshots und auch der Beschreibung her hat mich **TouchUp Pro** beeindruckt: Dahinter scheint sich eine vollwertige Foto-Suite zu verbergen! Klar ist die übliche Effekthascherei auch hier mit an Bord: Vintage, Vignette, Sepia ... Aber auch Features wie Auto-Kontrast/Helligkeit, Entfernung roter Augen, Schärfen, Zuschneiden – und das Ganze mit unlimitiertem Undo/Redo! Da sollte unbedingt ein Blick drauf geworfen werden. Worin allerdings die Unterschiede zwischen der Gratis- und der Kaufversion (für ca. 3 Euro) liegen, konnte ich beim Lesen der Informationen nicht entdecken.

▶ Ice Cream Sandwich

Auch in diesem Bereich bietet Android 4.0 Neues: Die Galerie bekam grundlegende Bearbeitungsfunktionen verpasst. Wem es nur darum geht, ein Bild zurecht-zuschneiden, zu drehen oder die roten Augen auszubessern – dafür bedarf es mit **Ice Cream Sandwich** keiner separaten App mehr. Sogar der eine oder andere Effekt lässt sich den Bildern hinzufügen.

Auch jetzt habe ich wieder nur an der Oberfläche kratzen können – denn es gibt noch weit mehr Apps in diesem Bereich! Eine umfangreichere, wenn auch noch immer unvollständige Übersicht findet sich bei AndroidPIT.

http://www.
androidpit.de/de/
android/forum/
thread/430898/

Bildbetrachter

Am Flughafen auf den Weg zurück nach Hause – spätestens hier setzt sie ein, die erste Wehmut. Noch eine Stunde bis zum Boarding – eigentlich Zeit genug, das Wichtigste nochmals Revue passieren zu lassen!

http://www.
androidpit.de/de/
android/forum/
thread/432054/

▶ Trip Journal

Wer fleißig Reisetagebuch geführt und dazu die App **Trip Journal** benutzt hat, hat es jetzt einfach: die App starten und das Tagebuch lesen. Aber auch für alle anderen, die einfach nur den Auslöser ihrer »Bordkamera« benutzt haben, gibt es etwas zu sehen – die passende Übersicht dazu findet sich wieder im Forum.

▶ Galerie-App

Klar, da ist doch die **Galerie-App** auf dem Androiden. Natürlich ist diese für unseren Zweck nutzbar. Doch der einen ist sie zu träge, dem anderen fehlen ganz bestimmte Funktionen, also schauen wir uns ein paar Alternativen an. Zuerst einmal die Android-**Galerie-App**. Als Alternative zu sich selbst? In gewisser Weise ja, denn ich möchte die Neuerungen, die mit Android 4.0 in diesem Bereich kommen, zumindest kurz erwähnen. Von mehr Alben und größeren Thumbnails ist da etwa die Rede. Und von neuen Sortiermöglichkeiten: nach Zeit, Ort, vergebenen Tags – und sogar nach abgebildeten Personen. Nicht zu vergessen den bereits genannten Fotoeditor. Dennoch haben alternative Apps Lukratives zu bieten.

▶ QuickPic

QuickPic tut seine Ansprüche, ganz knapp zusammengefasst, selbst mit folgenden Worten kund: Kleiner! Schneller! Intelligenter! Vielfältiger! Über 68.000 Anwender im Market und ca. 20 AndroidPITiden sind sich einig: Diese App ist spitze! Was mit einer durchschnittlichen Bewertung ein gutes Stück oberhalb der 4,5-Sterne-Marke ausgedrückt wurde.

QuickPic

Schnell und vielfältig: *QuickPic*.

Die Beschreibung sagt, **QuickPic** sei der beste Bildbetrachter, die beste Galerie und das beste Fotoalbum – etwas, wonach Sie schon immer suchten. Und was kann die App? Auch dafür greife ich wieder auf die Originalbeschreibung zurück (ist ja keine Doktorarbeit, und ich bin auch kein Politiker – also wird mir deshalb nicht gleich ein Titel aberkannt):

Schnelles Stöbern in Tausenden von Bildern ohne Hintergrunddienst. Klare Vorschaubilder. Ein- und Ausschließen beliebiger Ordner. Einfaches Verbergen privater Fotos. Glasklare Vollbildansicht. Pures Bedienerlebnis: gleitender Bildwechsel und schnelles Umschalten, einfaches und doppeltes Tippen oder Auf- und Zuziehen zum Zoomen. Reichhaltige Bearbeitungs- und Verwaltungsmöglichkeiten: Rotieren, Zuschneiden, Verteilen, Hintergrundänderung, Fotoshow, Sortieren, Verschieben und Kopieren.

Und das Ganze gratis und völlig werbefrei! Getreu ihrem oben genannten Leitsatz, hält sich die App auch an das »Kleiner!«: Nur ca. 300 KByte bringt sie auf die Waage. Der einzige Grund, der einer Installation noch im Wege stehen könnte, wäre die völlige Zufriedenheit mit dem, was man schon hat.

▶ Fish Bowl

Fish Bowl

Mit *Fish Bowl* lässt sich die Fotogalerie auf neue Art erkunden.

Recht eindrucksvoll ist auch die Fotogalerie **Fish Bowl**. Neben verschiedenen Möglichkeiten (wie der im Screenshot dargestellten) gibt es natürlich auch einfachere Galerieübersichten. Doch bei dieser App kommen noch viele Features hinzu. Der App-Beschreibung nach handelt es sich um einen mächtigen, schnellen und hochauflösenden Bildbetrachter, -verwalter und Diashowbetrachter – vollgepackt mit originellen Features, um das Foto- und Videoerlebnis auf Smartphones und Tablets zu maximieren. Mit dem integrierten Medien-Finder (oh, der Entwickler hat wohl einen Mac!) lassen sich Fotos und Videos im gesamten Dateisystem aufspüren und der Galerie hinzufügen.

Klingt nicht nur spannend, sieht auch aufregend aus. Zumindest den Screenshots zufolge, die unter anderem auf der App-Seite im Google Market zu finden sind. Und wenn ich jetzt noch die Features aufliste, erschlägt es den Leser. Also lasse ich das an dieser Stelle besser (die kann man ohnehin auf der App-Seite nachlesen, und dort hält sie der Entwickler hoffentlich aktuell), und Interessierte schauen sich das selbst an. Zur groben Information: Knapp 900 KByte bringt das Installationsarchiv auf die Waage – schon ein wenig mehr als **QuickPic**.

▶ PhotoMap Maker

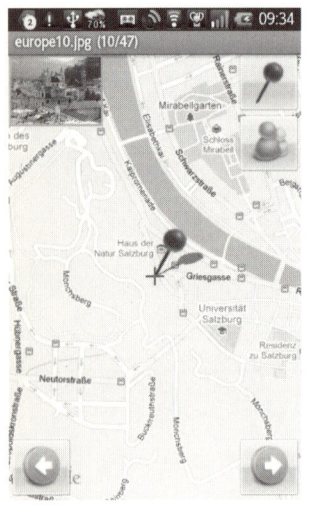

PhotoMap Maker

PhotoMap Maker zeigt auf der Karte, wo welches Bild gemacht wurde.

Diese Frage taucht gewiss öfter auf, als einem lieb ist. Und sehr gern platziert die Antwort dann den Louvre mal eben in Boston ... na ja, ganz so extrem vielleicht nicht. Aber zum Glück gibt es ja so etwas wie Geotags in unseren Bildern – mit deren Hilfe einige Apps auf der Karte anzeigen können, wo das wohl war. Beispielsweise **PhotoMap Maker**. Diese App kann nicht nur anhand der in einem Bild gespeicherten Geotags auf der Karte den Aufnahmeort zeigen, bei Fehlen der entsprechenden Exif-Informationen lassen sich diese auch nachtragen (sofern man weiß, wo es war): den Punkt auf der Karte auswählen, und die Koordinaten in die Exif-Daten eintragen lassen. Last, but not least: Wer Fotos weitergeben und aus

Datenschutzgründen die Exif-Daten zuvor entfernen möchte – auch das ist möglich.

Bei all dem ist die App auch noch ein Leichtgewicht: Gerade einmal 130 KByte ist das Archiv groß.

▶ GalleryMap

Auch **GalleryMap** zeigt Fotos mit Geotags auf der Karte an. Sofern man Android 2.1 oder neuer benutzt (was wohl, von wenigen Ausnahmen abgesehen, auf aktuellen Geräten der Fall sein sollte), lassen sich ebenso Geotags zu Fotos hinzufügen. Mit knapp 90 KByte ist diese App sogar noch ein ganzes Stück kleiner als **PhotoMap Maker**.

GalleryMap

Auch mit *GalleryMap* lassen sich Fotos platzieren und Geotags bearbeiten.

Warum denn ausgerechnet jetzt? Ganz einfach: Noch sind die Erinnerungen frisch, und die Fotos lassen sich leichter platzieren. Vorausgesetzt natürlich, es ist eine Netzverbindung verfügbar – denn wenn diesen Apps eins gemeinsam zu haben scheinen, neben Geotags sowie Karten- und Bildanzeigen, dann ist dies der Zugriff auf Online-Kartenmaterial.

7 Fremdsprachen

Im Ausland unterwegs, ist es sicher ein Zeichen der Höflichkeit gegenüber dem Gastgeber, wenn man zumindest ein paar Worte in seiner Sprache sagen kann – und sei es nur »bitte«, »danke«, »Guten Tag« und »Auf Wiedersehen«.

Sprachführer

Eine Sache, die ich mir zur Gewohnheit gemacht habe. Je mehr, desto besser natürlich – aber nicht immer hat man Zeit für das volle Programm.

▶ Jourist Sprachtrainer

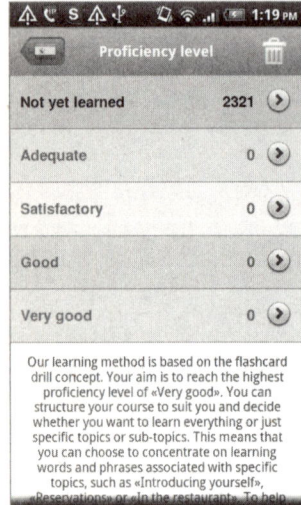

Jourist
Sprachtrainer

Jourist Sprachtrainer hilft beim Erwerb von Sprachkenntnissen.

Geht es nur um die genannten vier Phrasen, braucht es sicher keine App. Doch wenn es ein wenig mehr sein darf, wäre eine solche schon hilfreich. Unterstützung für eine ganze Sprachpalette bietet **Jourist Sprachtrainer**: Für knapp 3 Euro bekommt man eine Sprache nach Wahl mitgeliefert, weitere lassen sich aus der App heraus vergünstigt erwerben. Zur Wahl stehen derzeit Englisch (Britisch), Englisch (Amerikanisch), Französisch, Spanisch, Italienisch, Portugiesisch (Portugal), Portugiesisch (Brasilien), Dänisch, Niederländisch, Finnisch, Schwedisch, Norwegisch, Polnisch, Tschechisch, Slowakisch, Russisch, Griechisch, Bulgarisch, Ungarisch, Türkisch, Chinesisch, Japanisch, Koreanisch, Arabisch, Hebräisch, Thai, Hindi, Vietnamesisch und Farsi.

Jourist verspricht eine einzigartige Lernmethode, mit der sich bereits nach kürzester Zeit beachtliche Ergebnisse in der Beherrschung der gewählten Fremdsprache erzielen lassen: Der **Jourist Sprachtrainer** ist hervorragend geeignet für die praktische Reisevorbereitung und zum Auffrischen Ihrer Kenntnisse.

▶ Jourist Weltübersetzer

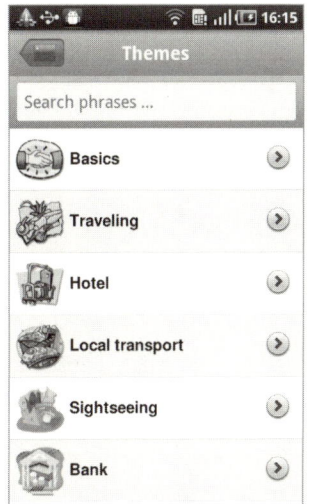

Jourist
Weltübersetzer

Jourist Welt-
übersetzer Trial

Jourist Weltübersetzer ist ein sprechender und illustrierter Sprachführer.

Aus dem gleichen Hause stammt der **Jourist Weltübersetzer**, von dem es auch eine Testversion gibt. Letztere funktioniert für fünf Tage, und es können bis zu zwei Sprachen damit zum Ausprobieren heruntergeladen werden. Darüber hinaus wird eine Internetverbindung benötigt. Diese Einschränkungen existieren natürlich nicht in der Vollversion.

Letztere schlägt gleich mit knapp 8 Euro zu Buche – kann aber auch ein wenig mehr als der zuvor genannte **Sprachtrainer**. Bei dieser App handelt es sich um einen sprechenden, illustrierten Sprachführer, der deutsche Wörter und Redewendungen in die oben genannten 29 Sprachen übersetzt. Damit kann man sich im Urlaubsland auch verständlich machen, ohne ein Wort in der Landessprache zu sprechen: Die App spricht es ja vor, und

YouTube-Tutorial
zu Jourist
Weltübersetzer

die Illustrationen veranschaulichen das Gewünschte. Etwa 25 MByte Speicherplatz pro gewünschter Sprache benötigt man auf der SD-Karte – und natürlich muss man auch nur die Sprachen herunterladen, die man auch haben möchte. Wer sich ein genaueres Bild machen möchte, kann sich auf YouTube ein Tutorial-Video dazu ansehen.

▶ Paragon Software

Über 300 Apps zum Thema stellt die Firma **Paragon Software** zur Verfügung, unter anderem auch Apps aus dem Hause Langenscheidt, das in Sachen Sprachen sicher jedem ein Begriff ist. Diese sind überwiegend sehr gut bewertet – um die vier Sterne – mit Preisen von 10 bis 20 Euro, aber auch nicht gerade billig. Neben Sprachführern sind hier auch Wörterbücher im Sortiment.

Paragon Software

▶ LangLearner LLC

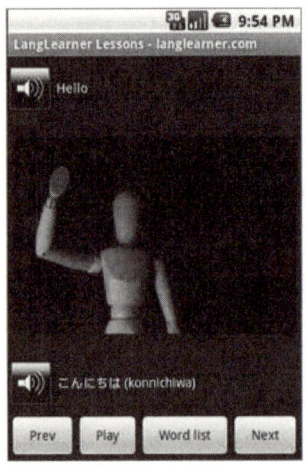

LangLearner LLC

LangLearner ist eine günstige Sprachführeralternative.

Sehr gute Bewertungen bei günstigeren Preisen erhielten die Apps von **LangLearner LCC**. Der Name sagt es schon: Man hat sich auf Sprachen spezialisiert. Anhand der zahlreichen u. a. deutschen Kommentare lässt sich nicht erkennen, ob auch mit deutscher Ausgangssprache gearbeitet werden kann – es gibt allerdings keine Negativkommentare, die das Gegenteil nahelegen. Dafür aber jede Menge Gratistestversionen für verschiedene Sprachen, sodass man sich vor dem Kauf der Vollversion gut selbst ein Bild machen kann. Auch hier sind übrigens neben Sprachführern auch Wörterbücher im Sortiment.

Diese Liste ließe sich noch eine Weile fortführen. Dafür sei aber wieder einmal auf die entsprechende Übersicht im Forum verwiesen.

http://www. androidpit.de/de/ android/forum/ thread/431685/

Übersetzer

Ist man der lokalen Sprache nicht mächtig, wünscht man sich so manches Mal einen Dolmetscher herbei. Praktisch, wenn man selbigen gleich in der Tasche hat – unser Androide kann nämlich auch in diesem Fall gute Dienste leisten. Sofern wir über eine Datenverbindung verfügen.

▶ Google Translate

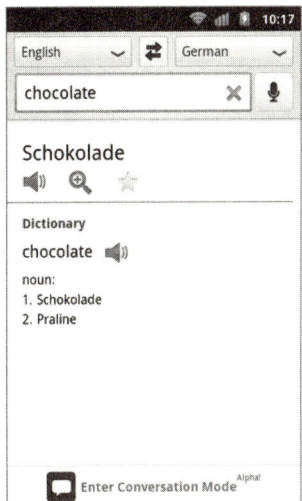

Google Translate

Mit *Google Translate* lässt sich in über 60 Sprachen übersetzen.

Dann könnte nämlich beispielsweise **Google Translate** zum Einsatz kommen. Mit dieser App kann direkt in über 60 Sprachen übersetzt werden – ob in Schriftform oder per Mikrofon erfasst. Auch die Ausgabe kann wiederum in Textform oder verbal erfolgen (TTS). Eine Wörterbuchfunktion ist in dieser App ebenso vorhanden wie die Möglichkeit, auf Verlauf und markierte Übersetzungen zuzugreifen.

▶ StarTranslate

Bei weniger als einem Drittel der Dateigröße leistet die App
StarTranslate ebenfalls das eben Beschriebene – verwendet es
doch die gleiche API. Hier handelt es sich ebenfalls wieder
sowohl um eine Übersetzungs-App als auch um ein Wörterbuch, das übrigens auch auf Wortdefinitionen zugreifen kann.
StarTranslate
Als Quellen für die Übersetzung kommt geschriebener und
gesprochener Text infrage – und die Übersetzung lässt sich wahlweise gleich per SMS,
E-Mail, Facebook, Twitter & Co. versenden.

StarTranslate bietet eine leichtgewichtige
Alternative zum Google-Übersetzer.

Leider gibt es in diesem Bereich scheinbar keine App, die ohne eine Datenverbin-
dung auskommt. Hat man also keine solche parat, bleibt nur das Ausweichen auf
Wörterbücher bzw. oben genannte Sprachtrainer. Mehr zu Übersetzern und
Wörterbüchern lässt sich im Forum erfahren.

Wörterbücher

Diese werden bei den E-Book-Readern kurz erwähnt: Dort
machen sie natürlich definitiv Sinn. Insbesondere bei der
Lektüre fremdsprachiger Texte. Was steht in diesem Bereich
http://www.
zur Verfügung?
androidpit.de/de/
android/forum/
thread/413747/

▶ Fora Dictionary

Da wäre zunächst einmal mein Favorit: **Fora Dictionary**. Diese App eignet sich vorzüglich für nahezu alle Einsatzgebiete. Sie unterstützt zahlreiche Onlinewörterbücher – diese lassen sich durch eine einfache Suche innerhalb der App aufspüren – und kann auch **Google Translate** zum Übersetzen heranziehen.

Fora Dictionary

Darüber hinaus wird zur Offlinenutzung, also ganz ohne Datenverbindung, nicht nur das StarDict-Format unterstützt, für das es zahlreiche Wörterbücher kostenlos zum Download gibt, sondern darüber hinaus auch die Formate XDXF, DSL, DICTD sowie Plain (TSV). History, TTS, Diktat sowie Clipboard-Unterstützung gehören zu den Highlights. Ein weiteres Plus ist die Möglichkeit, dieses Wörterbuch direkt in den **Moon+ Reader** einbinden zu können: Wort markieren, im Pop-up *Dictionary* auswählen, und ab die Luzie.

http://www.
androidpit.de/de/
android/tests/
test/391943/

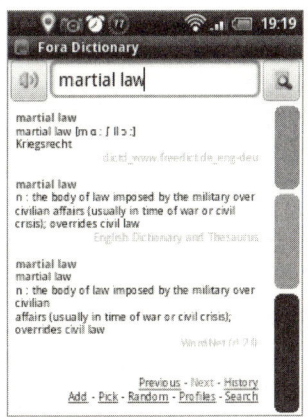

Fora als Übersetzungshilfe.

▶ ColorDict

Mindestens ebenso bekannt ist die App **ColorDict**. Neben Online-Dictionaries unterstützt auch sie das **StarDict**-Format und somit eine ganze Sammlung an frei verfügbaren Offline-Wörterbüchern und Nachschlagewerken, die unter anderem im Market und bei YeeLou verfügbar sind und auf der SD-Karte (im Verzeichnis */dictdata*) gespeichert werden. Während der Eingabe von Begriffen werden automatisch bereits Vorschläge gemacht. Auch **ColorDict** lässt sich in **Moon+ Reader** einbinden.

ColorDict

ColorDict als Übersetzungshilfe.

Weitere Kandidaten für Online-, Offline- und gemischte Wörterbücher finden sich in der Übersicht im Forum.

8   Gesundheit

Ernährung

Auf die Ernährung möchte ich hier in drei Schritten eingehen: Da wäre zuerst der Einkauf mit der Frage »Wo?«, gefolgt von der Frage »Was ist drin in den Lebensmitteln?«. Und schließlich die Frage: »Was tun mit dem Einkauf?«

▶ Bio123

Was fällt einem zum Thema »gesunder Lebensmitteleinkauf« als Erstes ein? Klar: Bio. Und für Android? **Bio123**. Wie bei vielen derartigen Apps ist die Einsatzeignung regional unterschiedlich – und hängt nicht zuletzt von der vorhandenen Datenbasis ab. Einen Versuch wert ist sie jedoch allemal, und zumindest der Bereich München ist hier recht gut abgedeckt.

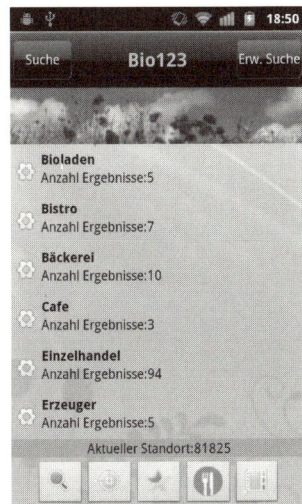

Bio123

Bio123 zeigt Bioanbieter in Ihrer Nähe.

Postleitzahl und Umkreis in km eingegeben, und schon kurz darauf zeigt sich eine Liste mit Fundstücken und ihrer Anzahl: Bioläden, Bistros, Bäckereien, Cafés ... Die gewünschte Kategorie angetippt, und die Details werden offenbar: Wie heißt der Laden, und wie weit ist er entfernt? Jetzt den gewünschten Eintrag noch ausgewählt, und es gibt die Öffnungszeiten, Telefon, gegebenenfalls auch eine Website (mit der Möglichkeit, diese im Browser zu öffnen) und E-Mail (kann mit der Mail-App geöffnet werden). Und natürlich die Anschrift – mit der Option, diese auch gleich auf der Karte anzuzeigen.

Als kleines Schmankerl wird nun gleich zu Schritt 3 gesprungen: Bei Bio brauchen wir ja nicht zu schauen, was drin ist – Bio natürlich. Also geht es direkt zu den Rezepten. Und wem das noch nicht schnell genug ist: Es stehen ja auch Bistros, Cafés und Restaurants in der Liste.

▶ das ist drin Scanner

Nicht immer kann alles Bio sein. Für den einen ist das preislich nicht drin, beim nächsten gibt es einfach keinen Bioladen in akzeptabler Nähe, und der dritte findet nicht alle benötigten Zutaten. Was also tun im normalen Supermarkt? Wie lässt sich da herausfinden, was drin ist?

Zunächst lässt sich auf eine im Abschnitt »Shopping« bereits genannte App zurückgreifen: **Barcoo**. Wie dort schon erläutert, soll sie ja hier im Bereich Lebensmittel ihr volles Potenzial ausspielen. Tut sie auch: Sie sagt nicht nur, wo es vielleicht günstigere Angebote gibt, sondern zeigt die Lebensmittel-Ampel (Rot/Gelb/Grün für viel/akzeptabel/wenig Zucker, Fett und Co.), Bewertungen anderer Kunden und oftmals auch Hintergründe und soziale Kompetenz des Herstellers.

das ist drin
Scanner

Der *das ist drin Scanner* zeigt die vor allem für Allergiker interessanten Inhaltsstoffe von Lebensmitteln.

Etwas weiter geht der **das ist drin Scanner**, der besonders für Allergiker interessant sein dürfte: Diese App zeigt an, welche Allergieauslöser in der Packung mit drinstecken, zusätzlich zum gewünschten Lebensmittel. Und da nicht immer alle Zutaten bekannt sind, steht auch noch dabei, welche Allergieauslöser bekanntermaßen nicht drinstecken.

Damit verbleiben noch die kryptischen E-Zutaten, die einem immer die Haare zu Berge stehen lassen: Manche Lebensmittel scheinen ja fast ausschließlich aus solchen zu bestehen! Dank sei der chemischen Industrie: Im Zeitalter von Rinderwahn, Schweinepest, Vogelgrippe, Atomfisch und EHEC-Gemüse wüssten wir ja ohne sie gar nicht mehr, was wir überhaupt noch essen könnten ... Ach so, für die E-Nummern ist beim **das ist drin Scanner** auch ein Register integriert, das »Inhaltsstoffe-Lexikon«.

▶ Rezepte

Biorezepte hatten wir ja bereits beim gesunden Einkauf als Dreingabe. Für normale Rezepte gibt es sicher auch viele Apps, die noch mehr Megabytes im Speicher belegen und zum Teil auch seltsame Berechtigungen verlangen. Daher erlaube ich mir an dieser Stelle einmal einen kleinen Kunstgriff:

http://m.essen-und-trinken.de/

Wir greifen zum mobilen Browser und legen hier ein Lesezeichen für *http://m.essen-und-trinken.de/* an. Und schon haben wir eine recht umfangreiche Rezeptsammlung zur Hand!

Wer doch lieber eine App installieren möchte, wird wieder einmal im Forum fündig.

http://www.androidpit.de/de/android/forum/thread/428703/

Abnehmen

Die Hose geht nicht mehr zu? Der Gürtel ist zu knapp? Oder muss gar schon eine Schubkarre her, um den Bierbauch zu transportieren? Höchste Zeit, den Pfunden den Kampf anzusagen! Und welche Apps unterstützen uns dabei? Die »große Übersicht« findet sich wieder einmal im Forum – die »Kompaktausgabe« gibt es hier:

http://www.androidpit.de/de/android/forum/thread/428560/

▶ DietPoint

Keine Lust auf Sport? Vielleicht tut es ja auch eine reine Diät. Dabei kann **DietPoint** helfen:

Die App ist zwar (noch) nicht komplett eingedeutscht, doch die deutschen Bewertungen im Market lassen darauf schließen, dass sie auch hierzulande gut verwendbar ist. Hier lassen sich Diätpläne verwalten und auch gleich in einer Tag-für-Tag-Diät aufreihen, eine passende Einkaufsliste lässt sich ebenfalls erstellen. Der zu erwartende Gewichtsverlust wird anhand der hinterlegten und stets gepflegten Daten berechnet. Mit dabei sind auch BMI- sowie BMR-Rechner, Tipps und Ratschläge – und die direkte Einbindung eines Forums zum Austausch mit anderen Interessierten.

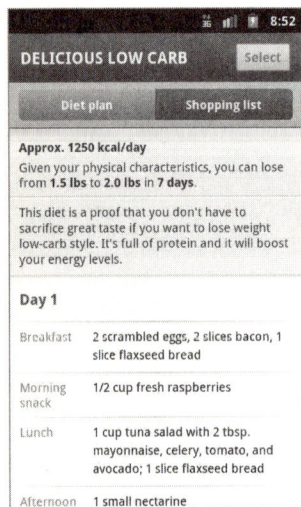

DietPoint

DietPoint – ein Diätplaner.

Alarmsignale weisen auf bevorstehende Mahlzeiten hin und fördern so eine dem Abnehmprozess und der Gesundheit förderliche Regelmäßigkeit. Da neben dem imperialen Maßsystem auch das metrische unterstützt wird, sollten Komplikationen in dieser Hinsicht minimiert sein. Kostenlos ist das Ganze obendrein – was gibt es also zu verlieren außer den Pfunden?

▶ CardioTrainer

Diät ist furchtbar? Sicher, aber vielleicht ja notwendig. Alternativen? Okay, die gibt es natürlich auch: (mehr) Sport treiben!

Wer das für eine prima Sache hält, kennt wahrscheinlich bereits die App **Cardio-Trainer** und setzt sie auch fleißig ein. Da kommt mein Hinweis vielleicht wie gerufen, dass es dafür ein Plug-in namens **Abnehmen mit CardioTrainer** gibt.

CardioTrainer

CardioTrainer begleitet das Training – und mit dem passenden Add-on auch die Gewichtsreduzierung.

Während **CardioTrainer** für das Training gedacht ist, hängt sich dieses Plug-in direkt dort ein, um die verbrauchten Kalorien zu zählen. Zuerst wird das Ziel festgelegt (wie viel man in welchem Zeitraum abnehmen möchte) sowie die geplanten Aktionen (welchen Sport, wie oft, gegebenenfalls weniger Kalorien aufnehmen?). Dann überwacht **CardioTrainer** die Ausführung – und zeigt schließlich die Resultate an.

Abnehmen mit
CardioTrainer

Wer **CardioTrainer** noch nicht benutzt, sollte allerdings einen Blick auf zweierlei werfen: Zum einen ist die App mit ca. 7 MByte nicht unbedingt klein, was bei manchem Gerät bereits eine große Hürde darstellen könnte. Zum anderen müssen auch die von der App verlangten Berechtigungen abgewogen werden: Die Verbindung »Kontaktdaten lesen« im Zusammenhang mit uneingeschränktem Internetzugriff würde sicher nicht nur mir Bauchschmerzen bereiten! Der Entwickler schreibt zwar zur Erklärung: »Die Einträge aus dem Adressbuch werden ausschließlich dazu verwendet, mit anderen CardioTrainer-Benutzern in Verbindung zu treten.« – aber vielleicht zieht er, wenn es oft genug gefordert wird, auch die Auslagerung dieser Funktionalität in ein Plug-in in Erwägung.

▶ Droid Weight

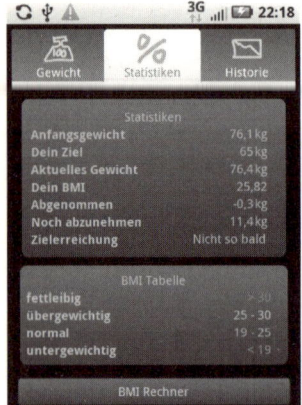

Droid Weight

Droid Weight zur Beobachtung Ihres Body-Mass-Index.

Und dann wären da noch diejenigen, die das Thema auch so im Griff haben. Ohne Diät-App, ohne Sport-App. Aber es tut dennoch gut, den Erfolg »schwarz auf weiß« verfolgen zu können, oder? Und auch für diesen Fall ist mit Android gesorgt:

Zum Beispiel ist da die App **Droid Weight**. Nicht vom englischen Namen irritieren lassen: Es ist eine deutschsprachige App aus deutschen Landen. Sie speichert Gewicht und BMI und stellt Ersteres grafisch über bis zu sechs Monate dar. Darüber hinaus lässt sich das Zielgewicht hinterlegen. Man kann sich sogar daran erinnern lassen, regelmäßig die Werte einzugeben. Dabei versteht die App sowohl metrische als auch imperiale Maße. Die Datenbank lässt sich auf die SD-Karte ex- und auch von dort wieder importieren. Ebenso kann sie komplett zurückgesetzt (geleert) werden. Kurzum: Alles, was für Protokoll und Statistik nötig ist, hat **Droid Weight** an Bord.

Raucherentwöhnung

Die große Übersicht findet sich, wie gewohnt, wieder im Forum – was besagt, dass Android auch hier eine ganze Reihe von Alternativen anbietet.

▶ Quit Now!

Aus dieser Reihe möchte ich **Quit Now!** herausgreifen – die in diesem Bereich mit Abstand am besten bewertete App.

http://www.
androidpit.de/de/
android/forum/
thread/428620/

Quit Now!

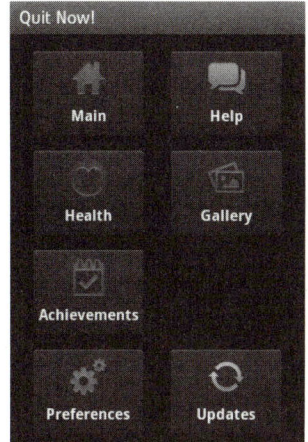

Quit Now! soll helfen, sich das Rauchen abzugewöhnen.

Laut Kommentaren im Market ist die App gut lokalisiert – auch wenn Name und Screenshot auf Englisch sind, sie ist ebenso des Deutschen mächtig. **Quit Now!** bietet einige Statistiken – so zum Beispiel rauchfreie Tage und gesparte Zigaretten (Letzteres auch in Bares umgerechnet). Während des gesamten Prozesses können die Auswirkungen auf insgesamt neun gesundheitliche Aspekte beobachtet werden – es wird ja nicht einfach ein Schalter umgelegt, der Körper muss die ganzen Gifte erst nach und nach abbauen und sich entsprechend regenerieren. Es lässt sich also verfolgen, wie er sich langsam erholt: etwa, dass nach 48 rauchfreien Stunden so einige Geschmackssensoren wieder erwachen.

Auch ein Widget ist mit dabei. Insofern hat man den Erfolgsstand auch dann vor Augen, wenn die App gerade nicht im Vordergrund läuft.

▶ **Mitrauchzentrale**

Wie: Das war jetzt nicht so ganz ernst gemeint mit dem Aufhören? Geselligkeit und so? Macht nix, dann tauschen wir die App einfach aus – und die Beschreibung ebenfalls:

Mit der **Mitrauchzentrale** lassen sich raucherfreundliche Lokalitäten aufspüren. Nicht etwa nur Kneipen! Die Liste umfasst Klubs, Bars, Cafés, Restaurants, öffentliche Plätze, private Räume, Parks, Raucherecken und Shisha-Lounges.

Mitrauchzentrale

Mit einem Log-in gibt es darüber hinaus auch diverse Community-Features: Wie viele Raucher sind gerade an der Location angemeldet? Wie ist diese bewertet? Selbst eine Bewertung abzugeben, ist natürlich ebenfalls möglich. Wo es »Raucherecken« gibt, zeigt die App auf der Karte an. Für weitere Details lohnt sich auch ein Besuch des Headquarters.

http://www.
mitrauchzentrale.
net/
Mitrauchzentrale.
html

Arzt und Apotheke

▶ **Arztsuche**

Früher oder später trifft es jeden: Ein Arzt wird gebraucht. Entweder wird ein neuer Hausarzt nach dem Umzug gesucht oder ein Spezialist, den man sonst noch nie benötigt hatte. Klar: Die Gelben Seiten und auch andere Telefonbücher kennen Ärzte zuhauf. Doch man will ja schließlich nicht den Erstbesten, sondern den Ersten und Besten: Gut soll er (oder sie) sein, natürlich vom Fach etwas verstehen – aber auch die soziale Kompetenz darf nicht zu kurz kommen. Alles Dinge, die uns das Telefonbuch nicht verrät.

http://www.
androidpit.de/de/
android/forum/
thread/428665/

▶ jameda Arztsuche

jameda Arztsuche

Die *jameda Arztsuche* findet den passenden Arzt in der Nähe und bietet auch noch eine Bewertung dazu.

Die **jameda Arztsuche** weiß an dieser Stelle weiter. Denn sie besteht nicht nur aus einem Telefonbuch mit Nummern, sondern auch aus einer Community, die ihre Bewertungen hinterlassen hat. Diese folgen dem Schulnotenprinzip, wobei verschiedene Kriterien (beispielsweise Zufriedenheit, Vertrauensverhältnis, wurde sich Zeit genommen, oder war es eher eine Massenabfertigung?) separat ausgewiesen werden. Ein persönlicher Kommentar sagt schließlich etwas über die Dinge, die sich nicht in Zahlen fassen lassen.

Arzt, Tierarzt, Hebamme, Apotheke, Klinik, Augenoptiker oder auch Krankenkasse: Über 460.000 Adressen bundesweit sind in der Datenbank enthalten. Und dank Umkreissuche findet man im Ernstfall auch den nächstgelegenen Arzt. Mit gerade einmal 300 KByte Größe eine App, die auf jedes Handy passt.

▶ Apotheken

Apotheken ist die einzige offizielle Anwendung im Auftrag der deutschen Apothekerschaft für ganz Deutschland. Also darf man sich ja wohl auf die von ihr gelieferten Informationen getrost verlassen.

Apotheken

Apotheken – die offizielle App
der deutschen Apothekerschaft.

Wenn man eine Apotheke sucht, dann in der Regel keine, die gerade geschlossen hat. Macht ja keinen Sinn. Also eine offene – Sonntag früh um ein Uhr dreißig. Ja und? Kein Problem: Notfallapotheken haben an Sonn- und Feiertagen geöffnet und halten sich auch nachts bereit. Und **Apotheken** kennt sie natürlich und weiß auch, welche gerade Notdienst hat.

▶ Apotheken-Sucher

Also alles kein Thema: Schon nach wenigen Klicks ist die richtige Apotheke gefunden und kann bei Bedarf auch telefonisch kontaktiert werden. (Na, hat sie wirklich geöffnet? Ist das gewünschte Medikament da – oder sucht man besser die übernächste Apotheke?) Auch eine Anzeige auf der Karte ist natürlich möglich. Inklusive Routenfunktion – wer jetzt immer noch nicht hingefunden hat, ruft besser ein Taxi.

Apotheken-Sucher

Stopp einmal kurz: und im Ausland? Gibt es da auch die »Deutsche Apothekerschaft« mit ihrer offiziellen App? Das vielleicht nicht, aber es gibt ja noch mehr Apps. Für diesen Fall wäre zum Beispiel **Apotheken-Sucher** einen Blick wert.

Medikamente

Fast jeder hat seine »Stammmedikamente«, und sei es für die Reiseapotheke: Aspirin für den Brummschädel, Iberogast für den Rumpelbauch, Voltaren gegen Zerrungen & Co. – alles Medikamente »für den Fall der Fälle«, also nichts Zeitkritisches. Oder Pillen, die man regelmäßig einnehmen muss: im Moment noch genügend vorhanden, aber irgendwann braucht man wieder Nachschub.

Wenn es nicht akut ist, hat man Zeit für die Suche nach dem besten Angebot. Bei Medikamenten, die man immer wieder kauft, macht auch Kleinvieh gehörig Mist. Und wann hat man die Zeit, so eine Suche durchzuführen? Genau: Wenn man ohnehin gerade zum Nichtstun verdonnert ist. Eine Stunde in der S-Bahn bietet sich da an – und die passende App auf dem Androiden:

MediPreis

MediPreis eine Medikamenten-Preissuchmaschine.

MediPreis zum Beispiel. Wer das gesuchte Medikament gerade zur Hand hat, hält jetzt die Kamera seines Androiden auf den Barcode, bis es »Piep!« macht. Alle anderen geben brav den Namen in die Suchmaske ein. Und wenig später erscheint – eine Datenverbindung natürlich vorausgesetzt – die Ergebnisliste, wie im Bild oben zu sehen.

Keine Lust auf eine extra App? Oh, dann tut es vielleicht auch ein Lesezeichen im mobilen Browser, das auf *handy.medipreis.de* zeigt.

Notfall

Klar: Wem im Falle des Falles die Nummer 110 nicht mehr einfällt, der denkt auch nicht an eine auf dem Androiden installierte App. Doch kaum hat man die Nummer in der Hektik des Gefechts gewählt, geht das Stottern los: Wie sag ich's am besten? Und was überhaupt? Welche Details sind wichtig?

▶ Mobile Notruf-App

Mobile Notruf-App

Die *Mobile Notruf-App* für Notfälle.

Hier souffliert die **Mobile Notruf-App** für Notfälle (so der volle Name) mit den richtigen Stichworten – wie im Screenshot zu sehen. Auch Frage 1 sollte beantwortet werden, selbst wenn es obsolet scheint: Natürlich hat das Smartphone im Hintergrund bereits die aktuelle Position per GPS ermittelt. Doch woher soll der Callcenter-Mitarbeiter am anderen Ende der Leitung wissen, ob man direkt am Ort des Geschehens ist oder den Anruf aus »sicherer Entfernung« tätigt? »Ich sitze hier auf einer Bombe« ist wohl eher unwahrscheinlich.

Ach ja: Und dann wären da noch die Notrufnummern, die nicht jeder im Hinterkopf hat: Giftnotruf? Frauenhaus? Oder bei seelischen Notfällen: Telefonseelsorge? Die App kennt auch diese.

▶ GoToilet

GoToilet

GoToilet zeigt Toiletten in Ihrer Umgebung.

Auch das ist ein medizinischer Notfall – gewissermaßen. Denn wenn jetzt nicht schnellstens reagiert wird, platzt am Ende die Blase. Oder das Kind wird von der Mitte bis unten ziemlich nass und holt sich dadurch eine Erkältung. Beides nicht wirklich wünschenswert, oder?

Aber was tun – mitten auf unbekanntem Terrain?

Zum Glück gibt es auch hier wieder eine tolle Android-App: **GoToilet** findet die passenden Örtchen. Und zwar weltweit! Sowohl die öffentlichen als auch die von Cafés, Restaurants oder Tankstellen (bei Letzteren muss zur Rechtfertigung der hier getätigten Notdurftverrichtung gegebenenfalls auch noch eine andere, kostenpflichtige Dienstleistung in Anspruch genommen werden).

Der Funktionsumfang beinhaltet nicht nur eine stumpfe Auflistung verfügbarer Notdurftstätten (obwohl auch das, inklusive der Entfernung dorthin, Bestandteil ist). Auch auf der Karte können sie eingeblendet werden. Sofern Bildmaterial dazu bei Streetview vorhanden ist, lässt sich die Umgebung des Wunschorts auch auf diese Weise vorab inspizieren. Mit etwas Glück gibt es sogar eine Bewertung.

9   Home-Screen

Wenn es bei Android so etwas wie eine Schaltzentrale gibt, ist dies sicher am ehesten der Home-Screen. Hier starten alle Aktivitäten. Das ist es, was der Anwender nach dem Start seines Androiden zu sehen bekommt.

Vom Home-Screen aus startet er seine Apps – hier platziert er (falls er dies tut) seine Übersichten wie aktuelle Kalenderereignisse, Newsfeeds und so weiter. Daher ist es durchaus sinnvoll, dass sich der erste Abschnitt dieses Kapitels zunächst diesem widmet.

Launcher

Eigentlich sollte ich besser sagen: »diesen«. Klar gibt es einen »Standard-Launcher« bzw. »Stock-Launcher« (Launcher ist ein anderes Wort für den Home-Screen, das obigen Sachverhalt betont: dass man von hier alle Aktivitäten »launcht«, also startet). Auf fast allen Geräten ist jedoch bereits eine Alternative installiert: Da wäre zum Beispiel HTC mit seinem *Sense*-Launcher, Motorola mit der *MotoBlur*-Oberfläche etc. Und zahlreiche Alternativen sind im Market verfügbar – etwa der **Zeam Launcher** oder **LauncherPro**.

Zeam Launcher

Zeam Launcher als Alternative zum Standard-Launcher.

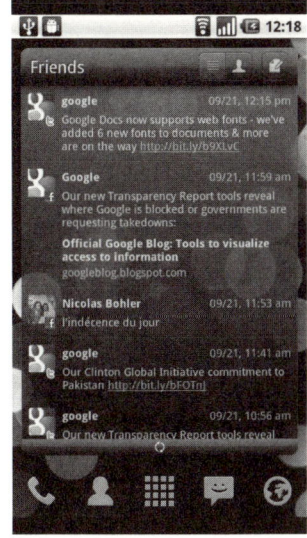

Der *Launcher Pro*.

Jeder hat so seine Besonderheiten und Vorteile gegenüber den anderen – beispielsweise »scrollable Widgets« bei den beiden gerade genannten, dann wären da aufs Ressourcenschonen getrimmte Launcher, minimalistische Launcher (sowie deren Gegenstücke) – und, und, und. Ein genauerer Überblick findet sich im passenden Forum-Thread bei AndroidPIT.

Launcher Pro

Docking Bar

Das ist normalerweise der untere Bildschirmbereich, in dem besonders häufig genutzte Funktionen verankert sind – auf obigen Screenshots zu den Launchern auch gut zu erkennen. Bei einigen Launchern sind diese Aktionen fest verdrahtet und lassen sich nicht ändern oder anpassen. Die Auswahl der Aktionen ist dabei für die Masse durchaus tauglich: Telefon ist

http://www.
androidpit.de/de/
android/forum/
thread/410328/

immer dabei (das Gerät heißt ja auch »Smartphone« und nicht »Minicomputer« – auch wenn die Grenzen da schwer zu definieren sind), dazu kommen meist Anrufliste und Kurznachrichten sowie der App-Drawer.

Die meisten mir bekannten Launcher erlauben es jedoch zumindest, die Aktionen selbst auszuwählen. So lassen sich entsprechende Icons z. B. bei oben genanntem **Zeam Launcher** per Drag-and-drop platzieren und entfernen, auch die Reihenfolge lässt sich nachträglich ändern. **Launcher Pro** und einige andere gehen sogar noch weiter und lassen den Benutzer an die grafische Ausgestaltung direkt heran. Wer alles individuell gestalten möchte, kann das durchaus tun!

App-Icons

Diese lassen sich in der Regel auf dem Launcher (s. o.) und generell auf den Home-Screens platzieren. Letzteres gilt auch für die Shortcuts und Widgets. Für alle drei ist das Standardvorgehen zur Platzierung, auf eine freie Stelle auf dem »Desktop« lange zu drücken. Daraufhin öffnet sich ein Kontextmenü und fragt nach, was es denn sein darf – wobei unsere drei Kandidaten und gegebenenfalls (je nach Launcher) auch noch weitere Dinge zur Auswahl stehen können. Wieder entfernen lassen sie sich wiederum durch langes Drücken (diesmal auf das Icon selbst) und anschließendes Ziehen auf die sich öffnende (meist rote) Mülltonne.

Unsere App-Icons haben nun keine weitere Funktion, als die zugehörige App zu öffnen. Nicht viel, aber mehr braucht es ja oft auch nicht: von zentraler Stelle die wichtigsten Dinge schnell starten, ohne sich erst durch den »Drawer« (die komplette Applikationsliste) wühlen zu müssen. Benötigt man doch einmal etwas Spezielleres, kommen unsere anderen beiden Kandidaten zum Einsatz:

Shortcuts

Nomen est omen, wie der Lateiner sagt: Hier geht es um Abkürzungen, die einige Apps anbieten. Was auf dem Home-Screen wie ein gewöhnliches (gerade eben beschriebenes) App-Icon aussieht, ist auch genau das – nur mit ein wenig Zusatzfunktionalität. Es springt bei der zugehörigen App gleich zu einem bestimmten Bildschirm oder löst eine spezielle Aktion

Note Everything

aus. Ein klassisches Beispiel wäre bei **Note Everything** zu finden: die Startseite (mit den Übersichten) überspringen und direkt eine neue Notiz öffnen.

Widgets

Gleiches gilt auch für die Widgets: grafische Elemente, die erweiterte Informationen zur Verfügung stellen – und optional auch noch als Shortcuts dienen können. Einige Beispiele dafür finden sich in den beiden obigen Launcher-Screenshots:

DroidStats-Widget

Widgets von **DroidStats**, die Informationen zu aktuellen Statistiken (hier Telefonminuten und SMS) geben – und beim Antippen die App gleich auf der zugehörigen Detailseite öffnen.

DroidStats

Das *Mini-Info*-Widget.

Widgets von **Mini-Info**, die über diverse Systeminformationen auf dem Laufenden halten. Tippt man sie an, wird die App (ganz normal) gestartet.

Mini-Info

Das *ES TaskManager*-Widget

Ein **ES TaskManager**-Widget informiert über freien Speicher sowie die Anzahl gerade laufender Prozesse. Die beim Antippen ausgeführte Aktion ist konfigurierbar – etwa das Starten der App oder das Killen aller »black-listed« Apps. Übrigens: Auch die Uhr im **Zeam Launcher** ist ein Widget.

App-Drawer

Zu guter Letzt auch zu diesem noch ein paar Worte. Ich habe ihn ja bereits zuvor als die »unübersichtliche Lagerhalle von Icons installierter Apps« erwähnt (na ja, nicht mit diesen Worten – aber so kommt es vielen oft vor). Dem Hörensagen nach muss das nicht generell so sein. Es soll Launcher geben, die alternativen Implementierungen folgen und Dinge wie Reiter, Unterordner, Kategorien und Ähnliches anbieten. Wer hier also gern ein wenig aufräumen würde und einem alternativen Launcher nicht abgeneigt ist, sollte bei der Auswahl auch darauf achten – und beispielsweise zu **Go Launcher EX** greifen.

Wo wir gerade vom App-Drawer sprechen: Ab Android 4.0 (Ice Cream Sandwich) findet sich in diesem ein zusätzlicher Reiter, der verfügbare Widgets auflistet. Somit hat man endlich eine Übersicht darüber, welche Widgets verfügbar sind. Auf den Home-Screen kann man diese dann befördern, indem man sie ganz dolle drückt: Der App-Drawer blendet sich dann aus, und man lässt das Widget sodann an der gewünschten Stelle einfach »fallen«.

10   Kostenkontrolle

Alleskönner

Was – schon wieder das gesamte Kontingent an Freiminuten aufgebraucht, und der Monat ist erst gerade mal zur Hälfte vorbei? Oder einen Schock beim Blick auf die Rechnung bekommen, weil das Datenvolumen hoffnungslos überschritten wurde?

▶ DroidStats

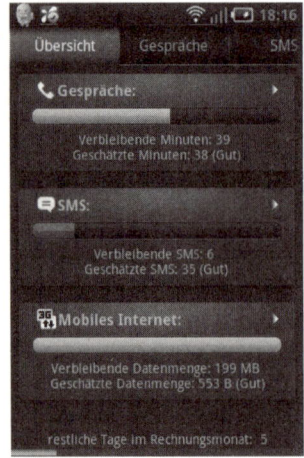

DroidStats

Kostenkontrolle mit *DroidStats*.

»Das muss nicht sein!« Nein, weder Geschirrspülmittel noch Palmolive helfen hier, und du badest auch nicht gerade deine Hände darin. Aber mit **DroidStats** wäre das nicht so schnell passiert.

 Widget von *DroidStats*.

Wie am Screenshot gut zu erkennen, bietet hier die Übersichtsseite nicht nur die nackten Daten feil, sondern auch eine Schätzung, wie das Ganze wohl am Ende des »Abrechnungszeitraum« (also in der Regel des laufenden Monats) aussieht, wenn so weitergemacht wird wie bisher. Und damit man dafür nicht immer erst die App aufmachen muss (das könnte man ja mal vergessen), lassen sich auch entsprechende Widgets auf den Home-Screens platzieren.

Und das ist noch längst nicht alles: Will man wissen, mit wem man am meisten/längsten telefoniert bzw. SMS ausgetauscht hat, teilt **DroidStats** das ebenfalls mit. Und mehr. Kurz: Solange man keinen zu komplizierten Tarif hat, ist **DroidStats** hier die erste Wahl!

▶ Call Meter 3G

Alternativen? Doch einen recht komplexen Tarif, so mit Sonderkonditionen von ... bis, wenn ... dann – und was einem noch so Kompliziertes einfallen könnte? Und was **DroidStats** in Sachen Konfiguration überfordert? Dann hilft vielleicht ein Blick auf **Call Meter 3G** (bzw. bei Angst vor dem Wörtchen »Beta« auf **Call Meter NG**). Die Konfiguration ist hier naturgemäß weit komplexer (so mancher Einsteiger dürfte da leicht überfordert sein) aber Forum und Support funktionieren hier ebenso gut wie bei **DroidStats**.

Call Meter 3G

Telefoniespezialisten

Spezialtarife für verschiedene Netze? Etwa Base mit 30 Min. E-Plus, Festnetz-Flat und 50 Min. in alle Netze – oder Ähnliches? Dann möchte man natürlich gern vorher wissen, in welchem Netz sich die anzurufende Nummer befindet – und stets, wie viele Minuten in welchem Netz bereits verbraten sind. Dann sollte man einen Blick auf **Zielnetz** werfen.

▶ Zielnetz

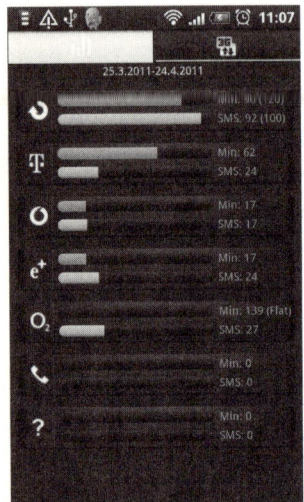

Zielnetz

Alle Telefonnetze im Blick mit *Zielnetz*.

Die App bietet recht ausführliche Statistiken – mittlerweile auch für SMS und Daten, sodass diese App eigentlich in das vorige Kapitel gehört. Mit dabei sind übrigens auch Widget und Warnungen – Letztere etwa bei teuren Rufnummern.

Die wichtigsten Features kurz im Überblick:

- Zielnetzabfrage per Rufnummer, aus dem Telefonbuch oder mit einem Klick für alle Kontakte,
- automatischer Abruf neuer Nummern (Info wird als Notiz im Telefonbuch gespeichert),
- akustische und optische Zielnetzinfo vor Anruf,
- zahlreiche Statistiken.

Natürlich lassen sich die Informationen zu Flatrates und Minutenpaketen für die Statistiken konfigurieren.

▶ Welches Netz

Nicht verschweigen darf ich, dass für **Zielnetz** selbst Kosten anfallen. Als Alternative zu **Zielnetz** wäre noch **Welches Netz** zu nennen. Der Funktionsumfang ist hier ähnlich (zusätzlich lassen sich noch Limits/Warnschwellen für Anrufe und SMS konfigurieren); laut Beschreibung im Market fallen hier jedoch keine »Abfragekosten« an.

Welches Netz

Datenspezialisten

Der Spezialist für die Datenverbindungen wurde ja bereits zuvor erwähnt und heißt 3G Watchdog.

▶ 3G Watchdog

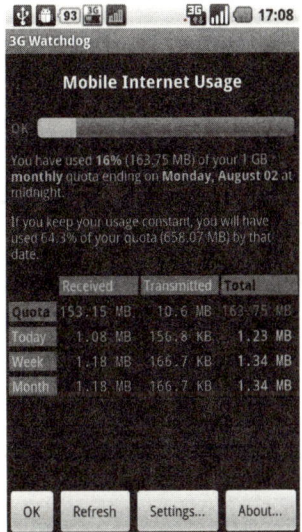

3G Watchdog

3G Watchdog kann die mobile Datenverbindung überwachen.

Diese App überwacht die mobile Datenverbindung (3G/Edge/GPRS) und deren Traffic-Verbrauch, zeigt ein Benachrichtigungssymbol (Grün, Orange, Rot) in der Statuszeile und gibt eine detaillierte Übersicht zum Verbrauch. Zwei Widgets stehen zur Wahl. Aber **3G Watchdog** kann noch mehr: Es warnt vor und bei Erreichen der konfigurierten Limits – was für sich genommen schon eine gute Sache ist.

▶ APNdroid Pro

So richtig interessant wird es, wenn außerdem die App
APNdroid Pro installiert ist: Kurz vor Erreichen des eingestellten Limits dreht 3G Watchdog dann nämlich einfach den Hahn
zu! Der Zugangspunkt (in der Android-Konfiguration) wird
dazu von APNdroid Pro so verändert, dass er nicht mehr funktioniert. Und bevor jetzt Panik ausbricht: Selbstverständlich
lässt sich diese Änderung rückgängig machen.

APNdroid Pro

Gute Nachricht für alle Anwender und weniger gute für das 3G Watchdog-Team:
Android 4.0 macht diese App überflüssig. Denn hier ist die entsprechende Funktionalität bereits von Haus aus im System integriert: eine Überwachung des Datenverbrauchs bis auf App-Ebene herab (sogar getrennt nach Verbrauch bei Vorder-
und Hintergrundaktivität), mit Statistikgraph, einschließlich der Möglichkeit zum
Festlegen eines Warn- und eines harten Limits. Natürlich getrennt nach WLAN
und mobiler Datenverbindung.

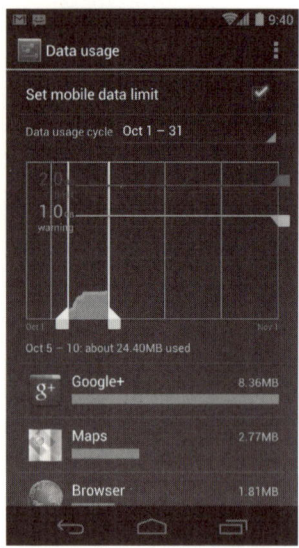

Statistiken des Datenverbrauchs
in Android 4.0 Ice Cream Sandwich.

11   Lektüre

E-Book-Reader

Bei den E-Book-Readern ist **Moon+ Reader** (in der Pro-Version für ca. 3,50 Euro sowie als werbefinanzierte Gratisversion erhältlich) mein klarer Favorit. Sofern man auf DRM-behaftetes Material verzichten kann, kann ihm keiner das Wasser reichen.

▶ Moon+ Reader

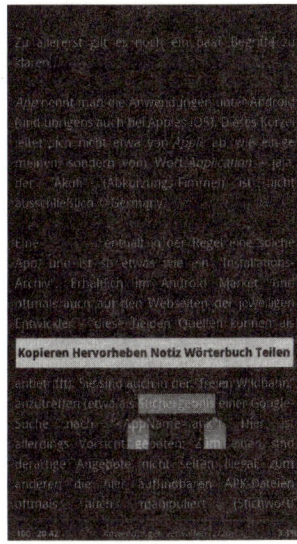

Moon+ Reader

Moon+ Reader, hier im Nachtmodus, mein Favorit unter den E-Book-Reader-Apps.

- ◉ Zugriff auf zahlreiche Onlinebibliotheken direkt aus der App (vorkonfigurierte, wie z. B. Izzys Bibliothek mit etwa 5.000 gratis verfügbaren Büchern in deutscher Sprache, und eigene)

http://ebooks.qu mran.org/

- ◉ Formate: *txt, html, epub, umd, fb2, zip*

- ◉ verschiedene Themes (unter anderem »Tag« und »Nacht«)

- ◉ Unterstützung für Online- und Offline-Wörterbücher

- ◉ Highlighting, Annotations, Bookmarks, Share

● Scrolling, Vorlesen (Pro-Version)

Und damit sind nur die wichtigsten Funktionen kurz angerissen.

▶ Alternativen?

Alternativen? Gibt es nicht wirklich. **FBReader** ist noch recht verbreitet – unterstützt aber weniger Formate und möchte auch noch auf Kontoinformationen zugreifen (sicher fürs Einkaufen von Büchern, das es wohl unterstützt). **txtr** unterstützt neben ePub auch PDF – benötigt aber fünfmal so viel Platz für die Installation. Wiederum recht verbreitet und gut bedienbar ist **Aldiko**, das auf manchen Geräten auch bereits vorinstalliert ist. Ein Blick in die Übersicht im AndroidPIT-Forum gibt weitere Informationen.

RSS-Newsreader

Auch hier habe ich mit **FeedR** meinen Favoriten. Alle Feeds lassen sich wunderbar kategorisieren – wobei Kategorien als Ordner fungieren – und mit dem Google-Reader synchronisieren (so man es braucht).

FBReader

txtr

Aldiko

http://www.
androidpit.de/de/
android/forum/
thread/409213/

▶ FeedR

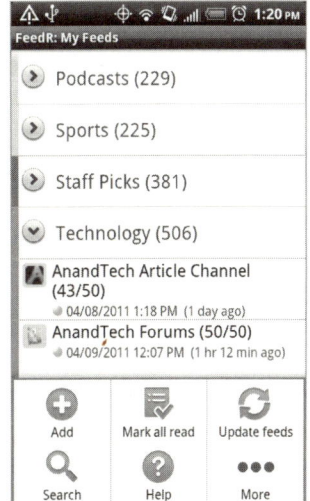

FeedR

FeedR – empfehlenswerter RSS-Newsreader.

Die App lässt sich sehr umfangreich konfigurieren: So kann man z. B. festlegen, dass **FeedR** automatisch jede Stunde aktualisieren soll, sofern man in einem WLAN-Netz eingebucht ist. Natürlich lassen sich auch einzelne (oder alle) Feeds jederzeit manuell aktualisieren.

Die Feedsammlung kann man exportieren – oder die aus einem anderen Reader exportierte einlesen, was einen Umstieg vereinfacht. Es gibt auch Sortierfunktionen für Feeds, Artikel und Ordner sowie ein einfaches Widget.

http://www.
androidpit.de/de/
android/forum/
thread/408369/

Einziges Manko ist vielleicht, dass **FeedR** nur bis auf Trailer-Ebene (den Vorspann vor dem Haupttext) die Inhalte selbst darstellt – für den eigentlichen Artikel wird der Browser aufgerufen. Die jedoch wahlweise über einen »Mobilizer«, damit es schneller geht. Ach ja: Seit Neuestem werden auch Podcasts unterstützt.

▶ NewsRob

Alternativen? Ja, gibt es auch. Da wäre sicher zuerst **NewsRob**
zu nennen. Und daneben gibt es noch eine ganze Reihe weiterer
Kandidaten, von denen einige wieder in einer Forumsübersicht
aufgeführt und kurz vorgestellt sind.

NewsRob

12   Multimedia

Zur Vielseitigkeit unserer kleinen Dauerbegleiter gehört auch die Wiedergabe
multimedialer Inhalte. Im allgemeinen Sprachgebrauch meint das Audio und
Video, im übertragenen Sinne: alles, was Krach macht. Also:

Musik

Dies ist wohl die gefragteste Gruppe: Warum noch einen MP3-Player zusätzlich
mitschleppen? Allenfalls aufgrund der Akkulaufzeit. Sonst läuft am Ende nur noch
der Träger und schnauft, während das restliche Equipment keinen Ton mehr von
sich gibt.

▶ Cubed

http://www.
androidpit.de/de/
android/forum/
thread/411408/

Cubed

Cubed – ein echt beliebter
Mediaplayer.

Im »normalen Einsatz« ist **Cubed** sehr beliebt. Woher der Name stammen mag, lässt sich dem Screenshot leicht entnehmen: Die Auswahl der Musikstücke erfolgt hier über einen Würfel. Senkrecht scrollt man durch die Alben, waagerecht geht es alphabetisch vor bzw. zurück. Auch last.fm wird (laut Market-Kommentaren) unterstützt. Lädt Albumart aus dem Internet und bringt wohl auch einen Lock-Screen-Ersatz mit.

▶ Car Tunes

Dann wären sicher noch die »Hands Free«-Player für Auto und andere passende Plätze zu nennen (z. B. **Car Tunes**). Und Player, die mit der Zeit den Musikgeschmack des Hörers lernen, sich nach Farben bedienen lassen oder Musik automatisch nach »Ähnlichkeit« verknüpfen. Oder solche, die man über den Bewegungssensor steuert. Schüttelt es einen bei einem Titel, schüttelt es den Androiden gleich mit – und weiter geht's zum nächsten Titel. Player mit Timer zum Einschlafen. Radios. Streaming-Services mit den zugehörigen Abos. Und, und, und. Sollten diese Themen jemanden interessieren, schaut er einfach wieder im zugehörigen Forum-Thread vorbei.

Car Tunes

Videoplayer

Mucke allein reicht nicht – es soll auch auf dem Screen zucken? Kein Thema, auch Videoplayer für Android sind nicht gerade dünn gesät.

▶ MoboPlayer

Ein richtiger Tausendsassa in diesem Bereich ist der **MoboPlayer**: große Formatvielfalt, Unterstützung für Untertitel und multiple Audiostreams, Playlists, Streaming aus dem Netz, Sortieren, Thumbnails ... Auf den ersten Blick scheint nichts zu fehlen. Auch eine spezielle Vorbereitung der Videos (Konvertierung) soll nicht nötig sein: Zum Einsatz kommt hier die FFMpeg-Engine; alles, was die versteht, kann also abgespielt werden. Und das ist nicht gerade wenig.

MoboPlayer

MoboPlayer – ein Alleskönner.

▶ VitalPlayer Neon

VitalPlayer Neon

http://www.
androidpit.de/de/
android/forum/
thread/423582/

Auch der *VitalPlayer Neon* unterstützt eine Vielzahl an Formaten.

Ebenfalls auf eine große Formatvielfalt greift **VitalPlayer Neon** zurück. Also, falls der eine nicht will, einfach den anderen probieren! Oder den ganz anderen: **No Video Player** erlaubt, das Bild einfach wegzulassen. Damit bleibt das Display aus (spart Akku), und man kann das Musikvideo ohne Bild genießen.

Habe ich jetzt etwas vergessen? Oh, vielleicht etwa die offizielle **YouTube App**? I wo! Die ist in den meisten Fällen ja ohnehin bereits vorinstalliert. Wenn nicht, findet sie sich natürlich im Market – und man kann damit das allseits bekannte Portal durchsuchen sowie die Funde abspielen. Und mehr.

Mehr? Ja, das gibt es natürlich. Wie immer – im passenden Forum-Thread.

Wecker und Erinnerer

Das Klingeln des Aufziehweckers ist »so was von out«? Na ja, zumindest braucht der keinen Akku. Dafür kann man natürlich das Aufziehen mal vergessen haben ...

http://www.
androidpit.de/de/
android/forum/
thread/411086/

Also gut: Ja, auch der Androide kann wecken. Hat sogar ab Werk eine entsprechende App dabei. Zu öde? Da ist aber jemand anspruchsvoll! Macht nix, Hilfe gibt es trotzdem. Und zwar umfangreich. Wenn jemand in diesem Forum-Thread nicht fündig wird, sollte mich das doch stark wundern!

▶ Sleep as an Droid

Sleep as an Droid

Sleep as an Droid wacht über den Schlaf.

Neben schnöden allgemeinen Weckern gibt es hier eine ganze Reihe von Spezialitäten. So berücksichtigen Wecker wie **Sleep as an Droid** (Screenshot) die Tatsache, dass wir nicht immer gleich tief schlafen, sondern in Phasen. (Die meisten haben

sicher schon einmal von der Tiefschlafphase gehört: Wer daraus vom Wecker raus-
gerissen wird, steht meist »mit dem falschen Bein« auf.) Diese Spezialisten warten
also darauf, dass man in den Halbschlaf fällt – und wecken dann. Vielleicht zehn
Minuten vor der Zeit, die eingestellt war, aber dennoch fühlt man sich ausgeruhter.

▶ Morning Routine

Das Gegenstück dazu sind die »Wellnesswecker«, die uns
abends sanft einlullen (z. B. mit Natursounds oder einem selbst
zusammengebrauten Mix). Ob sie einen dann morgens per
Polizeisirene aus dem Bett werfen, habe ich nicht probiert ...
Aber vielleicht mag man dazu ja einen anderen Wecker

Morning Routine

nehmen, der ordentlich Radau macht – und damit erst aufhört,
wenn eine knifflige Matheaufgabe gelöst, eine Quizfrage beantwortet oder (besonders ausgefallen: **Morning Routine**) das passende Produkt zu einem zuvor einge-
scannten Barcode gefunden wurde. Wie, das war jetzt die Milch – und die ist gerade
alle, der Müll auch schon runtergebracht? Nachschub gibt es im Supermarkt. Und
von da zurückgekehrt, den Barcode eingescannt, ist man sicher wach. Wer das
nicht schafft, sondern den Task-Killer rausholt: Ja, auch wenn diese Aufgabe erledigt ist, ist man wach.

▶ AlarmDroid

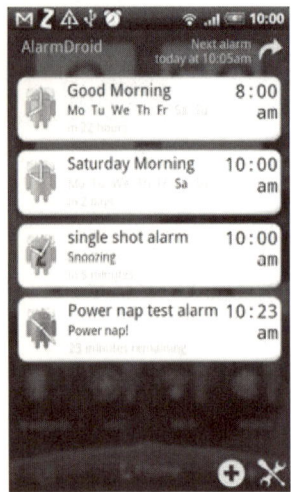

AlarmDroid

AlarmDroid für die persönlichen Weckeinstellungen.

AlarmDroid mag zwar optisch eher ein wenig schlicht wirken, hat es aber durchaus in sich: Die App vereint das Beste aus den genannten Dingen, arbeitet zuverlässig und nimmt noch einiges vorweg. Mich weckt sie jeden Morgen pünktlich mit einem persönlichen Gruß: »Guten Morgen, Izzy!« Es folgen Uhrzeit, aktuelles und erwartetes Wetter. Umdrehen des Androiden löst die »Snooze« Funktion aus – und fünf Minuten später geht das Ganze von vorn los. Bis ich den Androiden kräftig durchschüttle. Oder den Mini-Androiden auf dem Display mit meinen Wurstfingern erwische.

Alternativ ließe sich natürlich auch ein Internet-Radiostream abspielen. Oder das »sanfte Wecken« (beginnt leise und wird immer lauter) zuschalten. Und die Matheaufgabe integrieren. Wird alles von **AlarmDroid** unterstützt.

Nicht verrückt genug? Es gibt auch Wecker, bei denen man seine Freunde das Weckvideo bei YouTube raussuchen lässt. Kann eine schöne Überraschung sein. Oder möchte jemand mal zurückbrüllen, damit der Wecker Ruhe gibt? Haben wir auch. Für Leute im »Winterschlaf« gibt es sogar einen Wecker, der bei passendem Schnee auf der Piste losgeht.

Apropos losgeht: Reisewecker sind was Feines, oder? Und was, wenn Bus oder Zug wieder einmal Verspätung haben? Ach so, das war bereits einkalkuliert, weil es die Regel ist ... na gut: Also was, wenn sie versehentlich mal pünktlich sind? Oh ja, wir haben auch ortsbasierte Wecker. Die gehen nicht »wann« los, sondern »wo«. Und man definiert statt der Uhrzeit Weckort und Radius. Sobald der Zug also zehn Kilometer vorm Ziel ist, ist es so weit.

13   Office

Früher sprach man von Bürogebäuden. Heute ist das Büro da, wo man gerade ist. Dummerweise auch nach Feierabend. Schauen wir uns also mal die Ausstattungsmöglichkeiten an:

Barcodes

Barcodes sind aus unserem täglichen Leben ja nicht mehr wegzudenken – überall kleben die verschiedensten Fassungen drauf. Beim Thema Shopping sind wir ihnen bereits begegnet und können jenen Teil (Produktinformationen) daher hier überspringen.

▶ Barcode Scanner

Barcode Scanner

Barcode Scanner –
die Nummer eins

Am bekanntesten ist hier sicher der **Barcode Scanner**, den ja eigentlich jeder zweite auf seinem Androiden hat. Der erkennt z. B. die sogenannten QR-Codes, wie sie auch in diesem Buch benutzt werden: draufhalten – piep – und ab in den Market auf die Seite der App, die man gerade »angepiept« hat. QR-Codes können verschiedenste Informationen enthalten: URLs (wie eben beschrieben), Adressen, kurze Texte, Termine (wäre nett, wenn die auf diversen Theater- und Kinoplakaten mal Standard würden).

Ein guter Reader öffnet dann jeweils die richtige App: Adressen lassen sich so gleich der Kontaktliste hinzufügen, Termine in den Kalender eintragen und so weiter. Eine äußerst praktische Sache ist das. Und die genannte App beherrscht das auch weitgehend.

Natürlich gibt es gerade in dem Bereich eine ganze Reihe weiterer Apps, z. B. **ixMAT**, das besonders viele Formate kennen soll, **i-nigma** und **lynkee**. Für Details verweise ich daher wieder auf den zugehörigen Forum-Thread.

http://www.
androidpit.de/de/
android/forum/
thread/412589/

▶ Shelves

Dort finden sich allerdings nicht nur die gerade beschriebenen Reader, sondern z. B. auch die Generatoren, mit denen man eigene Barcodes erstellen kann. Oder auch Apps wie **Shelves**, mit denen sich ein eigenes Inventory aufbauen lässt (also quasi eine Artikelverwaltung gleich mit dabei). Auch Buchmanager

Shelves

gibt es (zur Verwaltung der eigenen Bibliothek) oder Buchinfos (zur Nutzung im Buchladen: Taugt das was? Referenzen? ...).

Finanzen

Auch einen Überblick über sein Budget kann man mithilfe seines Androiden behalten. Gerade in diesem Bereich stehen zahlreiche Apps zur Verfügung. Die Möglichkeiten reichen von der einfachen Erfassung von Ausgaben über eine komplexe Budgetverwaltung mit Export und Reporting bis hin zu Online-Diensten, die alles aufbereiten, was man ihnen per Foto schickt (hochlädt).

http://www. androidpit.de/de/ android/forum/ thread/425090/

In den vorangegangenen Kapiteln klang ja bereits mehrfach an, dass ich eher konservativ bin, was persönliche Daten auf dem Smartphone allgemein und speziell auf fremden Servern und in der Cloud betrifft. Das gilt natürlich insbesondere für so sensible Dinge wie Finanzdaten. Daher sei an dieser Stelle nochmals auf eines deutlich hingewiesen: Das Risiko eines Missbrauchs ist in diesem Fall größer, als wenn sich selbige Daten lediglich auf dem stationären Rechner daheim (oder gar nur in Papierform im verschlossenen Schrank) befinden. Der Anwender muss daher für sich selbst entscheiden, ob er derart sensible Daten überhaupt auf seinem mobilen Gerät haben oder gar der Cloud anvertrauen möchte und somit fremden Rechnern. Einige Apps ermöglichen oder erfordern gar den Upload der entsprechenden Dokumente.

▶ CWMoney

Eine recht gute Wahl bei den etwas umfangreicheren Apps scheint **CWMoney** zu sein. Hier handelt es sich um die in diesem Bereich am besten bewertete App. Laut Beschreibung werden mehrere Accounts sowie verschiedene Währungen unterstützt. Einträge können mit GPS-Stamps, Fotos oder auch Sprachaufnahmen angereichert werden. Es gibt hierarchische Strukturen, Kataloge, Filter, Reports, Tortengraphen und mehr – unter anderem auch einen Datenexport als XML bzw. CSV.

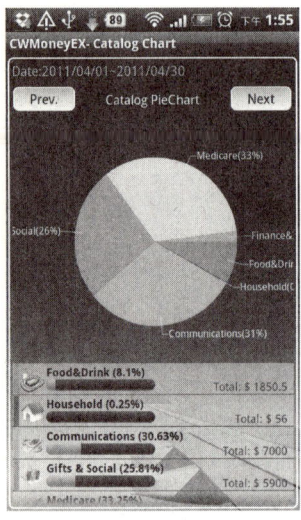

CWMoney

CWMoney zur Überwachung des Finanzhaushalts.

▶ Financisto

Allerdings hat das Ganze auch seinen Preis: Rund 7 Euro werden für die Vollversion fällig. Wer's lieber gratis haben möchte, greift z. B. zu **Financisto**. Ist fast genauso gut bewertet, aber vollständig Open Source.

Financisto

▶ StarMoney

Ist es interessanter, wie es auf dem Bankkonto aussieht? Natürlich geht auch »richtiges Homebanking« unter Android. In Sachen Komfort und Sicherheit sind hier ganz klar die Produkte von **StarMoney** zu empfehlen. Je nachdem, ob es nur um ein Konto bei einer Sparkasse oder um mehrere Konten bei verschiedenen Banken geht, steht eine passende App gratis oder für 1 bis 4 Euro bereit.

http://www.
androidpit.de/de/
android/forum/
thread/425201/

http://www.
starmoney.de/

▶ Übersicht der bekanntesten Homebanking-Apps

	App-Passwort	Datenverschlüsse-lung (lokal)	Datenverschlüsse-lung (Übertragung)	Unterstützte TAN-Verfahren	Unterstützte Banken	Preis
S-Finanz-status	Ja	256 Bit AES	HBCI mit 256 Bit AES	iTAN, chipTAN manuell, chipTAN comfort (optisch), sm@rtTAN+, sm@rtTAN optic, Einschrittverfahren, TAN-Generator, SecureTAN	Sparkasse	0,00 €
S-Banking					alle deutschen	0,79 €
StarMoney				iTAN, chipTAN manuell, chipTAN comfort (optisch), sm@rtTAN+, sm@rtTAN optic, Einschrittverfahren, TAN-Generator, SecureTAN, smsTAN	alle deutschen	3,99 €
vr.de	Nein	Nein	256 Bit SSL	iTAN, sm@rtTAN+	Volksbanken und Raiffeisen-banken in Baden-Württemberg, Bayern, Berlin, Hessen, Rhein-land-Pfalz, Saarland, Sachsen und Thüringen	0,00 €
Online-Filiale	?	−1	256 Bit SSL	sm@rtTAN+, sm@rtTAN optic	alle anderen Volksbanken und Raiffeisen-banken	0,00 €
Commerz-bank	Nein1	−1	256 Bit SSL	iTAN	Commerzbank	0,00 €

[1] keine lokalen Daten (reine Web-App)

Kalender

Hier scheiden sich die Geister. »Die beste App« existiert in dieser Kategorie nicht. Je nach Vorlieben und Bedürfnissen gibt es hier immer mindestens zwei Kandidaten. Da fällt mir die Auswahl nicht leicht.

▶ Business Calendar

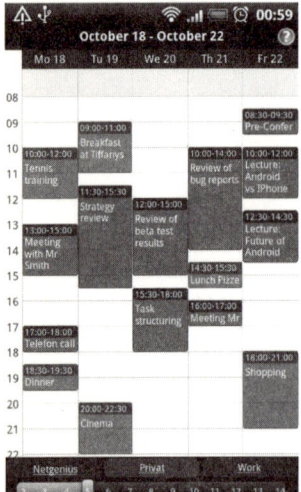

Business Calendar

Business Calendar als professionelle Alternative zum Standardkalender.

Also greife ich zuerst einmal den **Business Calendar** heraus. Der Name scheint ja bereits anzudeuten, wofür sich dieser besonders gut eignet. Unterstützt werden von der App sowohl der Google Kalender als auch Exchange, PC-Sync und Facebook-Kalender – es besteht also die freie Wahl, wie öffentlich man gern sein möchte.

Die App lässt sich sehr angenehm bedienen. In der Übersicht kann man mit einem Slider (unten im Bild) frei einstellen, welchen Zeitraum man gern sehen möchte. Oder man nutzt die Zweifingergeste (auch als »Pitch-to-Zoom« bekannt), um den Zeitraum anzupassen. Eine kontextsensitive Hilfe ist ebenfalls dabei.

Hm, alle Details können in der Monatsansicht sicher nicht angezeigt werden. Aber auch hier ist der **Business Calendar** clever: Termin antippen, und die Details erscheinen in einem extra Layer. Schön übersichtlich.

▶ Jorte

Jorte

Jorte – ebenfalls eine empfehlenswerte Kalenderalternative.

Als Alternative lässt sich **Jorte** nennen. Auch **Jorte** unterstützt Google, Exchange und PC-Sync-Kalender. Wie bei der Größe (etwa 3 MByte Download) zu erwarten, kann man sich hier wirklich richtig austoben – alles Mögliche lässt sich anpassen. Und da **Jorte** eine Unmenge an Widgets mitbringt, lässt sich die Widget-Auswahl des Home-Screens ein wenig handlicher gestalten, indem man hier Unerwünschtes einfach deaktiviert.

Eine wirklich gute Sache ist jedoch, dass **Jorte** die lokalen Feiertage importieren kann! Man muss in der Länderliste allerdings ein wenig suchen – das Sortierkriterium hat sich mir nicht erschlossen, sah eher etwas wild gewürfelt aus. Etwas kariert geschaut habe ich auch, dass es offensichtlich ein Land namens »Krawatte« gibt (da ist doch wohl nicht etwa Tie-Land gemeint?) ... Leider sind die so importierten Feiertage offensichtlich nur in **Jorte** selbst zu sehen – oder ich habe etwas verpasst.

Für weitere Kandidaten sei wiederum auf den entsprechenden Forum-Thread verwiesen.

Und die Synchronisation der Kalenderdaten? Ach so, ja klar, geht auch über Google. Aber nicht jeder möchte seine privaten Daten auf fremde Server schicken. Und deshalb gibt es Apps wie **Caldav Sync** (sofern man einen passenden eigenen Webserver hat – bei Firmen ist das oftmals der Fall), **SyncEvolution** (zur Synchronisierung mit Evolution unter Linux) und andere.

http://www.
androidpit.de/de/
android/forum/
thread/408998/

Kontaktverwaltung

http://www.
androidpit.de/de/
android/forum/
thread/412829/

http://www.
androidpit.de/de/
android/forum/
thread/449407/

Die vorinstallierte Kontakte-App erledigt ihre Arbeit eigentlich recht gut. Und doch hat man hin und wieder Lust auf mehr. Mehr Funktionalität – oder mehr »Schönheit« in der Gestaltung ...

▶ GO Contacts

GO Contacts ist grafisch ansprechend und enthält sogar verschiedene Skins (Eis, Leder, Frühling etc.). Auch in puncto Features muss sich die App keinesfalls verstecken: Suchfunktionen, Gruppieren von Kontakten per Drag-and-drop (für Gruppen-SMS/-Mails), Duplikate-Merging, Smart-Dialer, Backup/Restore via SD-Karte, optionales Call-Confirm (Wollen Sie

GO Contacts

wirklich anrufen? – schützt vor »Fehlschüssen« zu später Stunde). Die »Ex(tended)«-Version bringt zusätzlich 3-D-Effekte und Speed-Dating – ooops, Speed-Dialing (Schnellwahlen: Anruf durch langes Drücken auf einer der Ziffern 2 bis 9).

Beide Apps fordern allerdings eine ganze Reihe von Permissions. Ungünstig ist hier insbesondere die Kombination des Zugriffs auf private Daten (Kontakte, Protokoll) und Internet. Das GO-Team hat einen guten Ruf (auch wenn es aus China kommt). Ich selbst verwende seit geraumer Zeit den **GO Launcher EX**, der ähnliche Anforderungen stellt, und konnte bislang keine »unerlaubten/unerwünschten« Zugriffe feststellen (zumindest hat **LBE Privacy Guard** nichts gemeldet). Auch die große Anwenderzahl im Zusammenhang mit der guten Bewertung lässt einen Vertrauensvorschuss als angemessen erscheinen; entscheiden muss das natürlich jeder für sich selbst. Die App ist gratis im Market verfügbar.

▶ DW Kontakte

DW Kontakte

DW Kontakte ist mit tollen Features ausgestattet.

Mit einer ganzen Ladung toller Features kommt auch **DW Kontakte** daher. So lässt sich die »Liste« an die eigenen Bedürfnisse anpassen, nicht nur hinsichtlich der Sortierung: Sowohl die klassische Listenansicht als auch eine Art Icon-Gitter aus Fotos sind möglich. Ebenfalls integriert ist ein Anruffilter, mit dem sich Kontaktgruppen aussperren (Blacklist) oder auch mit besonderen Privilegien (Klingelt auch, wenn Ton aus?) versehen lassen – ganztags oder auch nur zu bestimmten Uhrzeiten.

Sind den Kontakten »Events« zugeordnet (hier dürften wohl hauptsächlich Geburtstage gemeint sein), lassen sich auch diese auflisten. Bei Gruppennachrichten kann man jeden Empfänger persönlich ansprechen: Platzhalter werden mit dem vollständigen Namen (???), dem Familiennamen (??F), dem Vornamen (??G) bzw. dem Spitznamen (??N = Nickname) ersetzt.

Die Anruffunktion scheint übrigens das »Adler-Suchsystem« zu unterstützen: Einfach einen Teil des Namens oder der Rufnummer eintippen, und die Liste der Kontakte im oberen Bildschirmteil wird entsprechend eingeschränkt. Der eingegebene Bestandteil muss dabei nicht zwingend am Anfang des Namens/der Nummer stehen. Die App unterstützt laut Beschreibung alle Kontoarten (also lokales Adressbuch, Google, Exchange ...), die vollständige Kontaktverwaltung (anlegen, löschen, bearbeiten ...), Gruppen und Untergruppen (also die hierarchische Gruppierung, z. B. Business.VIP = Business -> VIP).

Kontakte lassen sich als Text/VCard via SMS, Mail etc. weitergeben («Hast du mal die Kontaktdaten von X?«). Und, und, und. Wer besonderen Wert auf die Privatsphäre seiner Daten legt, greift hier zur Kaufversion für ca. 7 Euro: Diese verzichtet nämlich auf den Internetzugriff.

▶ Contrack

Contrack

Contrack erinnert daran, sich wieder einmal zu melden.

Datenpflege ist sicher eine feine Sache – doch vergisst man dabei manchmal, dass sich hinter den Daten auch Menschen verbergen. **Contrack** hingegen vergisst das nicht, sondern hält dem Anwender immer vor Augen: Wann hat man seine Mutter zuletzt angerufen? Wer hat wann Geburtstag? **Contrack** macht auf Letzteres rechtzeitig aufmerksam und versieht für Ersteres die Kontakte mit einer entsprechenden Markierung: alles im grünen Bereich (grün), schon ein wenig länger her (gelb), Kontakt könnte meinen, man sei bereits tot (rot). Eine Kontaktsuche (auch sprachgesteuert) gehört ebenfalls zum Funktionsumfang und noch das eine oder andere mehr. Den vollen und werbefreien Funktionsumfang erhält man im Market für ca. 1 Euro.

Passwörter

Passwörter sollen möglichst sicher gespeichert werden. Apps dazu gibt es ja scheinbar wie Sand am Meer – sicher sind diese aber nicht unbedingt. Daher sollte bei der Auswahl unbedingt ein Blick in den entsprechenden Forum-Thread geworfen werden! Dort werden zwar nicht alle verfügbaren Apps ausführlich vorgestellt, doch die Liste im ersten Post hilft schon einmal, die unsicheren Kandidaten zu eliminieren.

http://www.
androidpit.de/de/
android/forum/
thread/410909/

▶ KeePassDroid

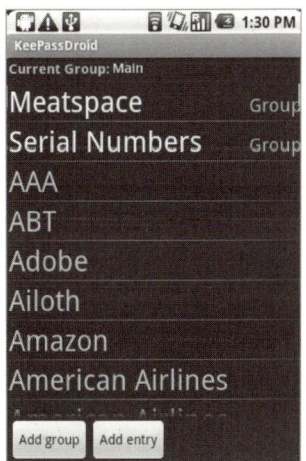

KeePassDroid ·

KeePassDroid dient der sicheren Speicherung von Passwörtern.

Zumindest eine App soll hier wieder empfohlen werden. Sie nennt sich **KeePassDroid**. Sieht zugegeben etwas spartanisch aus, ist aber sicher. Und es gibt eine PC-Version, mit der die App sogar kompatibel ist. Vorausgesetzt, man führt nicht zeitgleich in beiden Installationen Änderungen durch, hat man seine Passwörter somit an beiden Stellen parat. Gut verschlüsselt, versteht sich: Sollte ein Fremder das Smartphone – oder auch nur die Passwortdatei – in die Finger bekommen, beißt er sich beim Knacken die Zähne aus.

▶ aWallet

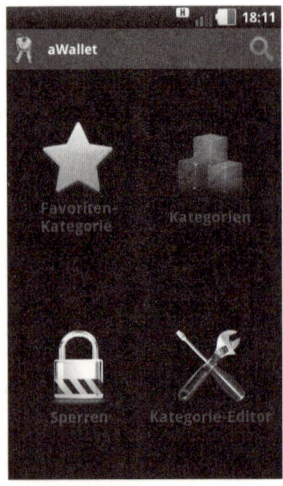

aWallet

aWallet ist ein sicherer und grafisch ansprechender Passwortverwalter.

Grafisch ein ganzes Stück ansprechender ist **aWallet**, das ebenfalls zu den sehr gut bewerteten, sicheren Kandidaten zählt. Ein Masterpasswort schützt auch hier die gespeicherten Daten in Verbindung mit einem wählbaren Chiffrieralgorithmus, bei Inaktivität sperrt sich die App automatisch und lässt sich nur durch Eingabe eben dieses Passworts wieder öffnen. Die zu speichernden sensiblen Daten unterteilt die App in sechs Kategorien: Log-ins, Kreditkarten, Banking, Shops, Mail- und Web-Accounts. Eigene Kategorien lassen sich jedoch bei Bedarf ergänzen, Gleiches gilt für die in den einzelnen Formularen verfügbaren Felder.

▶ PIN-r

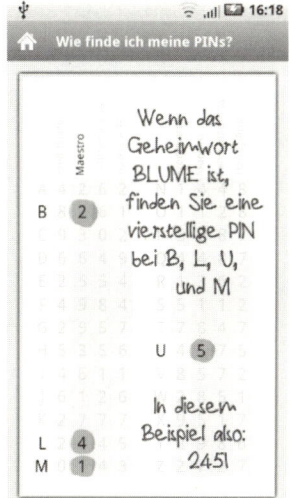

PIN-r

Mit *PIN-r* lassen sich PIN-Codes verstecken.

Geht es jedoch nur ums Verstecken von PIN-Codes, lohnt sich ein Blick auf die App **PIN-r**. Ich erinnere mich noch an die Kärtchen, die verschiedene Banken und auch Mobilfunkanbieter eine Zeit lang an ihre Kunden ausgaben. Die sahen in etwa so aus, wie es der Screenshot zeigt: Vier Spalten (für vier PIN-Codes) waren verfügbar, um die entsprechenden Codes zu verstecken. Nun denkt man sich ein Passwort aus (der Screenshot verwendet als Beispiel »BLUME«) und trägt die Ziffern des PIN-Codes bei den jeweiligen Buchstaben ein. Alle anderen Felder werden mit Zufallszahlen gefüllt. Ein etwaiger Passwortdieb findet zwar zu jedem beliebigen Wort eine Zahlenkombination – weiß aber nie, ob es denn die richtige ist ...

Dies waren nur drei Beispiele aus einer langen Liste, die allein schon fast ein Buch füllen würde. Für Alternativen weise ich also – wieder einmal – auf die verlinkte Übersicht im Forum hin.

Office-Pakete

Mobiles Office? Kein Ding. Eine passende Übersicht gibt es in einem Forum-Thread (siehe QR-Code), ein paar Stichproben natürlich wieder hier. Allerdings gibt es eine traurige Nachricht gleich vorab: Ich konnte kein Office-Paket finden, das auch freie Formate unterstützt. Wie das OpenDocument-Format, das unter anderem bei OpenOffice/LibreOffice zum Einsatz kommt. Alle sind voll und ganz auf Microsoft konzentriert.

http://www. androidpit.de/de/ android/forum/ thread/423399/

▶ Documents To Go

Documents To Go

Eine XLS-Datei, geöffnet mit *Documents To Go.*

Als prominenteste App wäre hier **Documents To Go** zu nennen. Wie auch **Office Suite Pro** unterstützt die App Word, Excel und PowerPoint in den gängigen Versionen: Dokumente können geöffnet oder neu erstellt, bearbeitet und natürlich wieder gespeichert werden. Darüber hinaus ist auch ein PDF-Viewer mit an Bord. Jeweils ungefähr 10 Euro kostet der Spaß – wobei es bei den kleineren Displays eher weniger Spaß machen wird. Aber dafür kann die jeweilige App nichts. Auf Tablets sieht es schon etwas anders aus.

Einziger Kandidat mit Unterstützung für ein offenes Format ist hier **Androffice**. Wer sich nicht vom Wort »Office« irritieren lässt, findet in dieser App für ca. 7 Euro eine Tabellenkalkulation, die sowohl Excel als auch OpenDocument Spreadsheet unterstützt.

Androffice

▶ TxtPad

Für Spartaner und Entwickler sind sicher auch noch reine Texteditoren wie **TxtPad** interessant: Hiermit lassen sich reine ASCII-Texte bearbeiten. Das spart nebenbei auch Ressourcen, denn sowohl App als auch Dokumente benötigen weniger Platz.

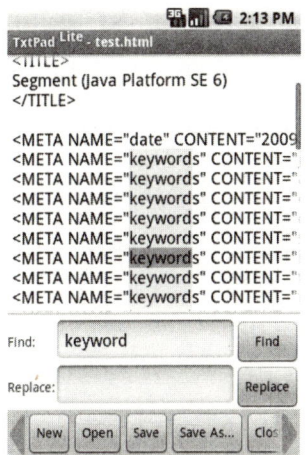

TxtPad

TxtPad – ein Texteditor für ASCII.

▶ Note Everything

Nicht verschweigen möchte ich an dieser Stelle die ganz speziellen Notizen-Apps, von denen ich besonders **Note Everything** hervorheben möchte.

Der Name ist wörtlich zu nehmen. Hiermit kann man wirklich alles notieren. Natürlich Textnotizen: schnell ein paar Stichpunkte zum Vortrag, ehe es wieder vergessen ist. Oder mal was skizzieren – kein Thema. Auch eine Fotonotiz stellt **Note Everything** nicht vor ein Problem. Zu faul zum Schreiben? Dann diktiere doch einfach was. Und schreibe am Ende noch was dazu. Auch Widgets sind mit von der Partie: für die schnelle Notiz zwischendurch ...

Note Everything

Hier ist der Name Programm:
Note Everything beherrscht Sprach-,
Text-, Bild- sowie Videonotizen und mehr.

Wem das nicht reicht, der greift zur Pro-Variante für ca. 3 Euro – und erhält zusätzlich Abhaklisten, Videonotizen, Fotonotizen und mehr. Mit einem weiteren Add-on für 0,75 Euro lässt sich zusätzlich Google Docs integrieren.

Natürlich gibt es auch hier wieder eine Reihe von Alternativen, wie z. B. **ColorNote**, das auch bunte »Stickies« auf den Home-Screens ablegen kann.

PDF-Dateien

PDF (das »portierbare Dokumentformat« oder, im O-Ton, das »portable document format«) wurde 1993 von Adobe auf den Markt gebracht – und stellt seitdem einen gewissen Standard dar. Die Besonderheit dieses Dokumentformats ist, dass der Inhalt überall gleich dargestellt werden soll – ob unter Windows, Mac oder Linux, auf dem Bildschirm oder gedruckt. Auf dem Androiden? Die Frage ist sicher nicht unberechtigt! Also habe ich ein wenig im Market gestöbert, ob ich auch zu diesem Thema passende Apps nennen kann.

http://www.
androidpit.de/de/
android/forum/
thread/424751/

Und: »Yes, we can!« Klar sind hier auch »Originalprodukte« von Adobe vertreten, aber sie sind nicht unbedingt die Apps, die am besten abschneiden.

▶ ezPDF Reader

ezPDF Reader

ezPDF Reader, ideal zur Anzeige
von PDF-Dokumenten.

Bei den Betrachtern ist das vielmehr der **ezPDF Reader**. Kostet zwar knapp 1 Euro
– ist aber nicht nur top bewertet, sondern kann auch eine ganze Menge. Nicht nur
das Anzeigen einer PDF-Datei – das setze ich mal bei einem PDF-Reader voraus!
Mit dieser App lassen sich jedoch auch Markierungen anbringen, Texte unter- oder
durchstreichen, Bereiche umrahmen (Rechteck oder auch Kreis/Ellipse), Notizen
oder gar Freihandzeichnungen einfügen. Da fehlt eigentlich nichts mehr, oder?

▶ Adobe CreatePDF

Wie jetzt – PDF-Dateien erstellen? Kommt ganz auf die Quelle
an. Relativ viele Formate unterstützt hier natürlich das Origi-
nal, **Adobe CreatePDF**. Eine mit 250 KByte relativ kleine App –
wie schafft die den Umgang mit MS-Word (*docx, doc*), Excel
(*xlsx, xls*), PowerPoint (*pptx, ppt*), Adobe Illustrator (*ai*),
Photoshop (*psd*), InDesign (*indd*), Images – JPEG, BMP, PNG,
GIF, TIFF, RTF, Text und WordPerfect, OpenOffice und StarOffice? Das kann ja

Adobe CreatePDF

unmöglich alles in der App stecken, auch wenn die mit über 7 Euro nicht gerade günstig ist. Die Antwort ist ganz einfach: Die App ist lediglich die Benutzeroberfläche. Die Dokumente landen dann alle auf einem Adobe-Server: Dort findet sodann die Umwandlung statt. Wie, private/vertrauliche Dokumente auf fremde Server laden ist nicht drin? Das ist dumm, denn eine Alternative gibt es leider nicht.

▶ CamScanner

CamScanner

CamScanner Phone PDF Creator zur Erstellung von PDFs.

Ganz interessant sind in diesem Zusammenhang aber auch »Hosentaschenkopierer« wie der hier im Screenshot dargestellte **CamScanner**. Nein, diese Apps kopieren keine Hosentaschen – auf dem Smartphone installiert, passen sie aber bequem in selbige. Und man hat sie quasi immer zur Hand. Eben mal schnell ein paar Seiten aus einem Buch in der Bibliothek, die man zu Hause noch mal genauer anschauen möchte? Kein Thema. Schnell gemacht und auf die SD-Karte gespeichert, zu Google Docs hochgeladen oder per Mail verschickt. Ist mit gut 2 MByte ein wenig größer als die zuvor genannte Adobe-App, arbeitet dafür aber auch mehr lokal. Und kostet nur die Hälfte.

▶ UrlToPDF

Ach ja: Dann lassen sich natürlich auch noch Webseiten zum Offline-Lesen konvertieren. Hierfür bietet sich z. B. die App UrlToPDF an. Mit ihren 100 KByte dient auch diese App natürlich nur als Frontend, das die eigentliche Konvertierarbeit

UrlToPDF

einem Webdienst überlässt – aber wenn die Quelle ohnehin öffentlich zugänglich ist, fällt das weit weniger ins Gewicht, oder?

Mindmaps und Diagramme

Zum Sortieren der eigenen Gedanken haben sich sogenannte Mindmaps etabliert. Darin erfasst man die einzelnen Aspekte einer Idee und setzt sie zueinander in Beziehung. Die entsprechende Software ist für die meisten PC-Systeme verfügbar – und natürlich auch für Android.

http://www.
androidpit.de/de/
android/forum/
thread/439583/

▶ **Thinking Space**

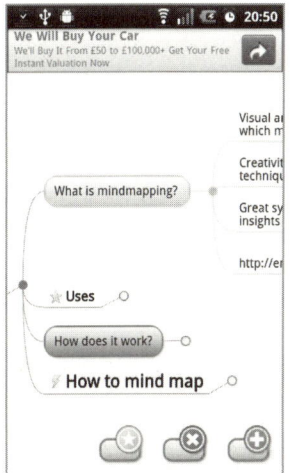

Thinking Space

Thinking Space ist kompatibel mit verschiedenen Desktop-Anwendungen.

So erstellt etwa **Thinking Space** Mindmaps, die kompatibel sind mit Desktop-Anwendungen wie Freemind, Xmind und MindManager. Wer eine dieser Anwendungen auf seinem Bürorechner nutzt, hat hiermit also den Berechtigungsnachweis, die Anfahrt bereits als Arbeitszeit abrechnen zu können – und kann die Dreiviertelstunde in der S-Bahn sinnvoll mit Vorbereitungen nutzen. Die Pro-Version für knapp 4 Euro beseitigt dann nicht nur die störenden Werbeeinblendungen, sondern ermöglicht zusätzlich Hyperlinks (zu anderen Dateien auf dem Gerät, beispielsweise PDFs oder Audios), Ordner/Tags, Style-Vorlagen sowie einen Vollbildmodus.

▶ Mind Map Memo

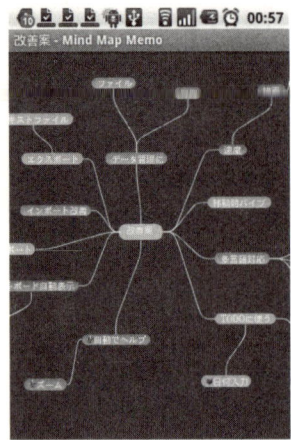

Mind Map Memo

Mind Map Memo beherrscht zumindest den Export ins FreeMind-Format.

Als Alternative könnte sich **Mind Map Memo** anbieten. Diese App unterstützt bei der Erstellung von Mindmaps unter anderem Funktionen wie Zoom, Copy-and-paste sowie Node Icons und kann die erstellten Werke auch im FreeMind-Format exportieren. Die Vollversion ist im Market für etwa 2 Euro zu haben, eine kostenfreie Testversion gibt es ebenfalls.

▶ NoteLynX

Ebenfalls einen Blick wert, wenn es um das Sortieren von Ideen geht, ist **NoteLynX**. Bei dieser App handelt es sich streng genommen nicht um eine Mindmap – stattdessen werden die einzelnen Punkte hierarchisch geordnet. Nach Angaben des Entwicklers eignet sich die App unter anderem als To-do- oder Taskliste, fürs Brainstorming, als Personal Information Manager, für die Erstellung von Familienstammbäumen, für Mindmaps, für die Projektplanung und mehr. Einfache Textformatierung (HTML), Verlinkungen (ebenfalls HTML) und viele weitere Features lohnen einen Blick. **NoteLynX** ist kostenlos im Market erhältlich.

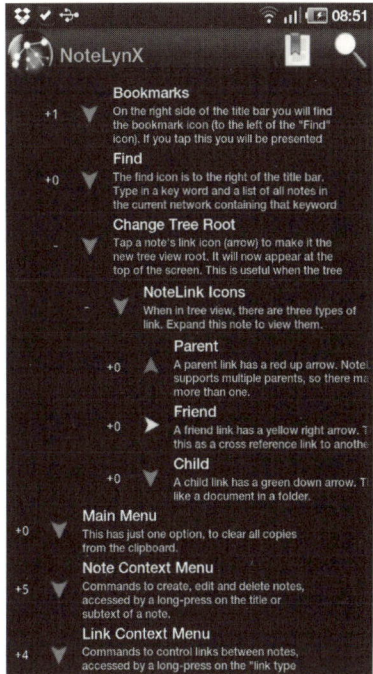

NoteLynX

NoteLynX sortiert die Gedanken hierarchisch.

Geht es um die Dokumentation von Vorgängen und Prozessen, sind Flussdiagramme zur Veranschaulichung unschlagbar. Mit ihnen lassen sich Zusammenhänge in der Regel leichter erfassen, als es durch die Lektüre einer ausführlichen Dokumentation möglich wäre. Die etabliertesten Formate für diese Aufgabe sind UML sowie das **Graphviz**-Format *.dot*.

▶ AndyUML

Mit dem gratis verfügbaren **AndyUML** scheint sich so ziemlich jedes Diagramm abbilden zu lassen. Laut Beschreibung handelt es sich dabei um einen Client für den Online-Service **yUML** – womit eine Internetverbindung wohl zwingende Voraussetzung sein dürfte. Ein weiterer kleiner Haken für einen »schnellen Einstieg« dürfte für viele sein, dass alle Diagramme in der Sprache UML (Unified Modeling Language) definiert werden müssen, was sicher ein wenig Einarbeitung benötigt. Belohnt wird man dann allerdings damit, so ziemlich alles in Diagrammform mit wenigen Zeilen Text darstellen zu können. Und wer mit weniger zufrieden ist, hangelt sich anhand der mitgelieferten Beispiele durch. Vertiefendes Lehr-material zu UML findet sich auf *UML.org*, einfache Beispiele für einen schnellen Start auf *yuml.me*.

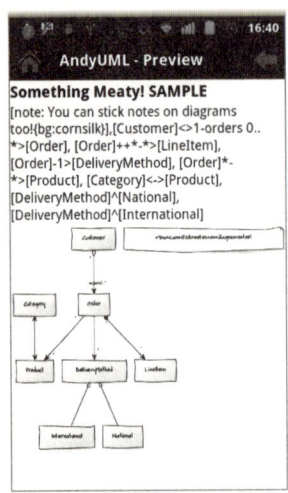

AndyUML

AndyUML ist der Alleskönner, wenn es um UML geht.

▶ Edgy

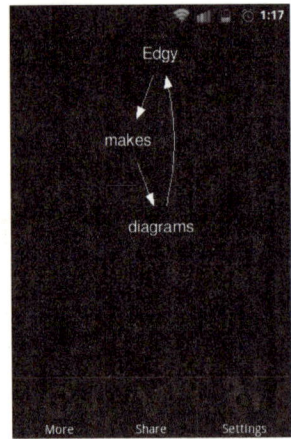

Edgy

Für die Weiterverarbeitung mit *Graphviz* ist *Edgy* besonders geeignet.

Wem das zu komplex ist oder wer ohnehin die Arbeit mit **Graphviz** tut, der findet in **Edgy** einen treuen Freund. Schon die Screenshots erinnern stark an **Graphviz** und liegen damit nicht unbedingt falsch: Die App erzeugt pfeilbasierte Diagramme, die sich auch als *.dot* für die Weiterverarbeitung mit **Graphviz** speichern lassen. Darüber hinaus ist das *Share*-Menü eingebunden, sodass sich erstellte Diagramme über alle registrierten Services im PNG-Format »teilen« lassen. Kenntnisse in der **Graphviz** zugrunde liegenden Beschreibungssprache sind dabei nicht unbedingt notwendig: Die Erstellung und Bearbeitung erfolgt im »grafischen Modus«. Die App kostet im Market etwa 3 Euro; eine Gratisversion zum Testen scheint leider nicht zu existieren.

▶ yWorks OrgChart Editor

Geht es um Organigramme, führt anscheinend kein Weg an **yWorks OrgChart Editor** vorbei. Die App ist noch recht neu und daher bislang nicht aussagekräftig bewertet, doch sowohl die Screenshots als auch die Beschreibung erscheinen vielversprechend: Die Diagramme sind »interaktiv« (Strukturen lassen sich »kollabieren« und auch wieder »expandieren«, also

yworks.android.
orgcharteditor

ein- und wieder ausklappen), Elemente können intuitiv verschoben werden – etwa wenn ein Mitarbeiter die Abteilung wechselt. Das Layout wird automatisch berechnet und die einzelnen Elemente entsprechend angeordnet. Bei Bedarf können Personen aus der eigenen Kontaktliste importiert werden. Zu allem Überfluss ist diese App auch noch gratis ...

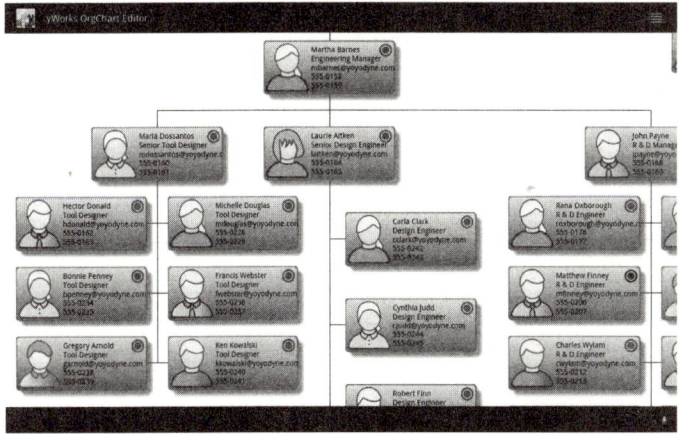

Mit dem *yWorks OrgChart Editor* lassen sich Organigramme erstellen.

Zeiterfassung

Sicher nicht nur für Freiberufler interessant ist das Thema Zeiterfassung: Wie viel Zeit habe ich an welchem Projekt gesessen?

▶ **Xpert Timer**

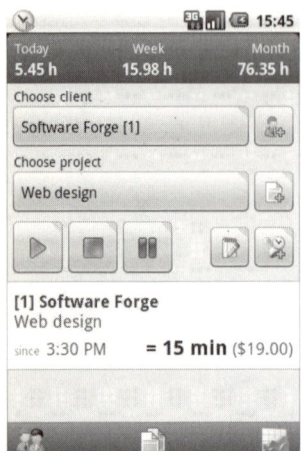

http://www.
androidpit.de/de/
android/forum/
thread/412298/

Xpert Timer

Zur Zeiterfassung dient *Xpert Timer*.

Xpert Timer beantwortet mehr als nur diese Frage. Die Bedienung ist denkbar einfach – wie eine Stempeluhr: bei Beginn der Tätigkeit auf Start, bei eventuellen Pausen auf Pause und bei Feierabend auf Stopp gedrückt. Natürlich müssen vorher Kunde und Projekt einmal erfasst sein – aber dann bekommt man neben zahlreichen Statistiken und Übersichten auch eine Stundenübersicht, die man direkt aus der App heraus verschicken kann. Stundensatz eingetragen? Dann zeigt sich auch gleich, wie es ums Finanzielle bestellt ist.

Wie beschrieben: Verschicken lassen sich die Reports direkt aus der App heraus, aber auch einfach exportieren (als HTML oder CSV) und dann am PC weiter verarbeiten. Apropos arbeiten: An einem Desktop-Client (leider nur für Windows) wird bereits fleißig gearbeitet. Und wenn ich mal mit diesem Buch fertig bin, arbeite ich vielleicht auch an meiner webbasierten Lösung weiter, sodass ich sie anderen zur Nutzung überlassen kann ...

▶ Workaholic und Time Tracker

Fairerweise seien die Mitbewerber hier aber auch noch kurz
erwähnt: Da wäre z. B. **Workaholic**, dem man seine Arbeitsorte
derart beibringen kann, dass er einen per Lokalisierung automatisch ein- und wieder ausstempelt. Oder **Time Tracker**, der
die Daten auch noch per Passwort schützen kann.

Workaholic

▶ Predefined Calendar

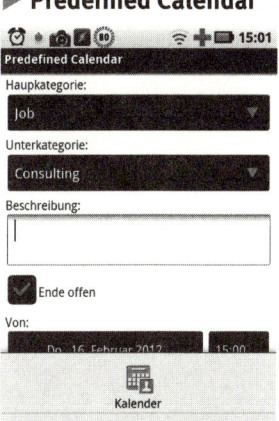

Time Tracker

Predefined
Calendar

Predefined Calendar bietet eine einfache Möglichkeit
zur Zeiterfassung mit dem Google-Kalender.

Ganz frisch im Market angekommen ist mit **Predefined Calendar** eine recht einfache Variante zur Zeiterfassung, die den Google-Kalender als Datenablage nutzt. Als
Maske zur schnellen Terminerfassung konzipiert, eignet sie sich darüber hinaus
auch für die schnelle Erfassung allgemeiner, häufig wiederkehrender Termine, die
sich quasi mit einem vorgefertigten Template versehen lassen. Nicht viel Schnick-
schnack, kein Drumherum, keine tollen (grafischen) Auswertungen: Lediglich um
die Erfassung kümmert sich die App.

Der gewünschte Zielkalender lässt sich auswählen, sodass man für die Zeiterfassung
einen eigenen Kalender verwenden kann. Da alle Daten im Google-Kalender
landen, werden sie nach erfolgter Synchronisation auch auf allen damit verbunde-
nen Geräten angezeigt, sofern der entsprechende Kalender zur Anzeige ausgewählt

wurde. Die Gratisversion finanziert sich über Werbung – für etwa 1 Euro wird man diese durch Erwerb der Pro-Version los.

Wollte ich jetzt hier alle Alternativen aufzählen, würde es ein wenig lang. Also verweise ich wieder einmal auf den passenden Forum-Thread für die weitere Lektüre

14 Schule und Studium

Auch Schülern und Studenten steht »Andy« hilfreich zur Seite: So passt z. B. der mit Formelsammlungen und Nachschlagewerken gefüllte Schulranzen früherer Tage heute bequem in die Jacken- oder Hosentasche.

Formelsammlungen

Da wäre als das Highlight zuerst die App **Merck PSE** zu nennen: Mit 4,9 von maximal möglichen 5 Punkten im Android Market absolut top bewertet, kann sie mit Fug und Recht hier als Vorzeige-App herhalten.

▶ Merck PSE

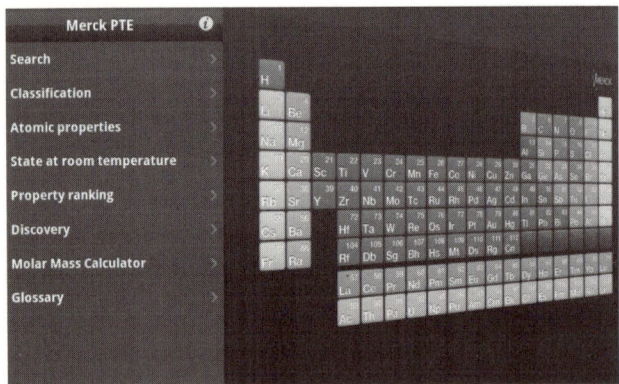

Merck PSE

Die Oberfläche
von *Merck PSE*.

Mercks Periodensystem gibt Schülern, Chemiestudenten und Lehrenden die Möglichkeit, sich umfassend und interaktiv über die Elemente des Periodensystems zu informieren. Damit steht Interessierten ein mehrsprachiges Nachschlagewerk zur Verfügung, das komplexe Inhalte intuitiv erfahrbar macht. So wird die App im Market beschrieben.

Jede Menge Informationen stehen zu den einzelnen Elementen zur Verfügung. In verschiedensten Ansichten. So lässt sich über einen »Zeitregler« recht einfach feststellen, welche Elemente zum Zeitpunkt X bereits bekannt waren. Oder anzeigen, wer sie entdeckt hat. Oder, oder, oder – der Möglichkeiten sind hier viele. Für weitere Details empfiehlt sich ein Blick in den Testbericht sowie auf die Projektseite – wobei man sich bei Letzterer nicht davon irritieren lassen sollte, dass hier laufend von irgendeinem »iPhone« die Rede ist ...

http://www.
androidpit.de/de/
android/tests/
test/392280/

http://www.merck-
chemicals.com/
pteapp

▶ Math Ref

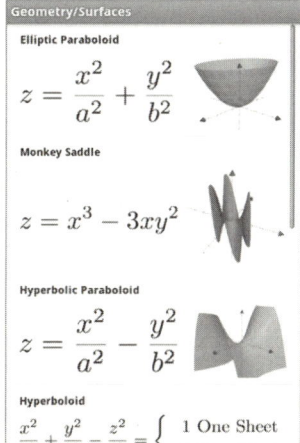

Math Ref

Mathematische Formeln nachschlagen mit *Math Ref.*

Und natürlich gibt es auch entsprechende Referenzen und Nachschlagewerke für andere Fächer, etwa Physik oder Mathematik, wie z. B. **Math Ref**, das für wenig Geld eine große Menge an Wissen in kompakter Form anbietet. Eine umfangreichere und detailliertere Übersicht findet sich wieder einmal im Forum.

Nachschlagen und übersetzen

Auf Nachschlagewerke und Wörterbücher wird im Zusammenhang mit Fremdsprachen in Abschnitt »Fremde Sprachen«
näher eingegangen. In der Regel werden Nachschlagewerke zur
Begriffserklärung und Wörterbücher zur Übersetzung innerhalb ein und derselben App benutzt – schließlich ist das Prinzip
ja auch in beiden Fällen das gleiche: einen Begriff nachschlagen
und die zugehörige Information anzeigen.

http://www.
androidpit.de/de/
android/forum/
thread/428406/

Vokabeln und FlashCards

Wer nun nicht ständig zu Nachschlagewerken und Wörterbüchern greifen möchte,
muss sich die Begriffe einprägen. Und da hören wir schon die Stimme unserer
Vorfahren: Wir haben das früher mit kleinen Zetteln in einer Streichholzschachtel
gemacht! Oh ja, das kenne ich auch noch – nur wurden meine Streichholzschachteln
aus Stabilitätsgründen schnell durch Tic-Tac-Schachteln ersetzt. Das System ist
geblieben: Damals stand auf der einen Seite des Zettels der Begriff und die Bedeu-
tung/Übersetzung auf der Rückseite. Heute nennt sich das »FlashCards«, und statt
umzudrehen, muss man antippen.

▶ AnyMemo

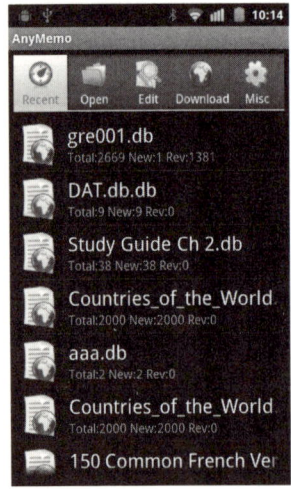

AnyMemo

AnyMemo dient als Vokabeltrainer
für viele, viele Sprachen.

Die derzeit bestbewertete und umfangreichste App ist das
kostenlose **AnyMemo**. Es bezeichnet sich selbst als »Vokabeltrainer mit dem adaptiven Lernalgorithmus« – was heißt, dass
entweder die App sich dem Lernenden anpasst (was wohl
gemeint ist) oder auch umgekehrt. Über 560 Datenbanken für
Arabisch, Englisch, Chinesisch, Japanisch, Spanisch, Französisch und vieles andere stehen zur Verfügung – es lassen sich
aber auch eigene erstellen: Import aus verschiedenen Formaten
(auch CSV) wird unterstützt, Export ebenso (z. B. zur Datensicherung oder zur
Weitergabe der eigenen Sammlung). Keine Werbung, verspricht der Entwickler
selbst bei der Gratisversion. Es ist auch eine günstige Pro-Version erhältlich.

http://www.
androidpit.de/de/
android/forum/
thread/428510/

Wem die App nicht gefällt oder wer sich zunächst nach Alternativen umsehen
möchte, der wird – wie gewöhnlich – in einem speziellen Forum-Thread fündig.

Stundenpläne

Nachdem nun geklärt ist, was und womit man auf dem
Androiden lernen kann, stellt sich vielleicht die Frage nach dem
Wann. Also müssen unter anderem Stundenpläne her.

▶ Stundenplan

http://www.
androidpit.de/de/
android/forum/
thread/442568/

Stundenplan

Mit *Stundenplan* lässt sich, na ja, natürlich, der Stundenplan verwalten.

Recht einfach und übersichtlich präsentiert sich **Stundenplan**: Jedem Fach lässt sich
eine Farbe zuordnen, jeder Unterrichtsstunde zusätzlich ein Raum und eine Notiz.
Der fertige Plan wird dann vollständig auf dem Bildschirm dargestellt. Unterstützung für gerade/ungerade Wochen ist ebenfalls dabei, auch ein Widget wird mitge-

liefert. Die App ist gratis und finanziert sich über Werbung – hin und wieder wird
also etwas eingeblendet.

▶ School Schedule

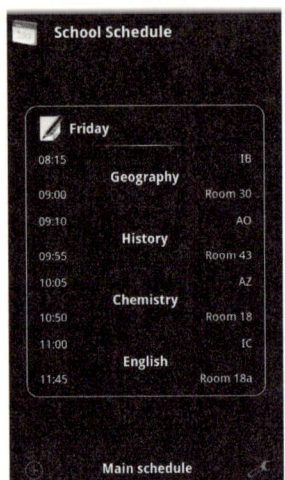

School Schedule

School Schedule ist nicht so bunt,
bringt aber einige Extras mit.

School Schedule ist ein wenig komplexer, da es noch einige Extras mit an Bord hat.
Eher nicht als Feature empfunden wird vielleicht die englische Sprache – doch das
sollte man als Herausforderung verstehen. Die App kann nämlich unter anderem
auch darauf achten, dass sich der Androide im Unterricht benimmt (und nicht
etwa mitten in der Stunde zu klingeln oder Musik abzuspielen beginnt). Richtig
geraten: Da ist ein Profil-Switcher mit eingebaut. Da der Stundenplan ja ohnehin
hinterlegt ist, weiß die App auch, wann Unterricht und wann Pause ist – da bietet
sich das an.

Allerdings wird laut Beschreibung der Androide lediglich einfach »stummgeschal-
tet«. Reicht ja aus. Im Statusbereich wird dazu eingeblendet, was aktuell abgeht – so
hat man im Blick, wo man eigentlich gerade sein sollte und wie lange noch. Es
lassen sich mehrere Stundenpläne verwalten, sodass man auch den Tagesablauf von
Freund, Freundin und Geschwistern mit im Blick haben kann. Obendrein gibt es
das Ganze für lau – also gratis – im Market.

Schul-Organizer

Stundenpläne sind ja nur die halbe Miete. Da wären schließlich auch noch die Ferien. Ach ja, und die Hausaufgaben – beinahe vergessen. So eine Art Rundum-sorglos-Paket für Schüler scheint die App **Hausaufgaben** bereitzustellen:

▶ Hausaufgaben

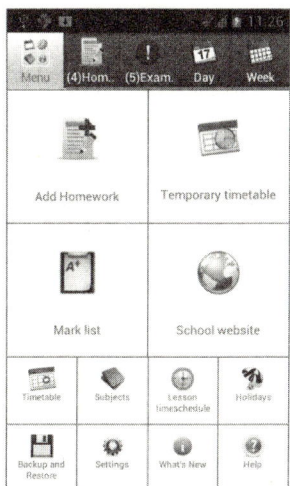

Hausaufgaben

Mit *Hausaufgaben* hat man mehr als nur diese im Griff.

Stundenplan, Aufgabenplanung, Examina ... sogar die Unterrichtseinheiten lassen sich damit planen (Lektion 21, Seiten 177–181). Zeitpläne lassen sich für den aktuellen Tag oder auch die Woche anzeigen (und mit Wischbewegungen kann navigiert werden), auch gerade/ungerade Wochen werden unterstützt. Passende Widgets zur Anzeige des Stundenplans auf dem Home-Screen sind ebenfalls mit dabei. Zu haben ist die App kostenlos im Market. Ebenfalls erwähnenswert ist die überdurchschnittlich gute Bewertung: 4,6 Sterne bei über 3.000 Bewertungen sprechen Bände. Auch auf Deutsch.

▶ School Assistant

Als Alternative wäre hier vielleicht noch **School Assistant** zu nennen. Der Name lässt richtig vermuten: Die App kann kein Deutsch. Doch dafür wartet sie mit etlichen anderen nützlichen Kleinigkeiten auf. Sie hilft nicht nur bei der Organisation des Stundenplans, der Verwaltung von Hausaufgaben sowie der Planung des

Paukens für Tests, sondern stellt den Androiden auch während des Unterrichts ruhig, sodass er keine »verräterischen Geräusche« von sich gibt.

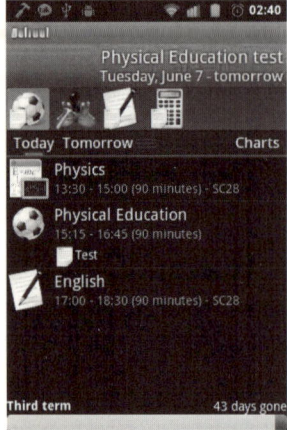

School Assistant

School Assistant – kann kein Deutsch, dafür aber einiges andere.

Einen Haken hat die Sache: Die App möchte mit den Kontaktdaten ins Netz – eine unglückliche Kombination von Berechtigungen. Die Netzverbindung wird laut Beschreibung nur für Werbung verwendet – wird aber interessanterweise auch in der werbefreien Kaufversion (1 Euro) eingesetzt.

▶ Grades

Damit die Studenten nicht zu kurz kommen, sei auch die App **Grades** noch erwähnt. Prinzipiell ist sie mit **Hausaufgaben** vergleichbar – nur halt übertragen auf das Studentenleben. So lassen sich Kurse inklusive des zuständigen Profs, der Räumlichkeiten, Termine und eventuell abgeschlossener Prüfungen verwalten, ebenso offene und abgeschlossene Examina und Projekte, Hausarbeiten und mehr. Der Google-Kalender wird für Alarme und Exportfunktionen genutzt. Gegen unbefugten Zugriff lässt sich die App mit einem gewählten Pincode absichern. Leider ist auch diese App wieder nur in Englisch gehalten. Im Market ist sie für ca. 1 Euro erhältlich.

Grades

Grades ist ein Organizer für Studenten.

Mensapläne

Lernen macht hungrig. Also muss etwas zu essen her. Der Student lebt nicht vom Aldi allein und auch – entgegen allen Vorurteilen – nicht nur vom Pizza-Bring-dienst. Es gibt da gewisse Einrichtungen, die sich »Mensa« nennen. Und einige davon sollen tatsächlich gesunde Nahrung servieren.

Studentenfutter

Das Widget von *Studentenfutter*.

Wie aber diese ausfindig machen? Zum Glück gibt es Android und jede Menge Apps. Viele davon ortsbezogen – dafür bitte im entsprechenden Forum-Thread nachschauen. Aber es sind auch einige dabei, die eine ganz respektable Abdeckung bieten. Und so lässt sich der Speiseplan der Stammmensa z. B. mit **Studentenfutter** als Widget direkt auf dem Home-Screen platzieren.

http://www.
androidpit.de/de/
android/forum/
thread/428538/

MyMensa

MyMensa zeigt Mensaspeisepläne.

Dies beherrscht auch **MyMensa**, zumindest in der Pro-Version. Aber bereits in der gratis erhältlichen Lite-Version ist der Funktionsumfang beachtlich: Wo ist die nächste Mensa? Was gibt es da? Die Frage wird beantwortet. Taugt das was? Ein Blick in die Bewertungen der Kommilitonen sollte das klären. Wie schaut das aus? Mit etwas Glück hat's schon jemand fotografiert und hochgeladen.

Die Liste unterstützter Orte und Mensen ist bereits beachtlich lang. Sollte doch noch ein Ort oder eine Mensa fehlen, so freut sich der Entwickler über eine kurze Rückmeldung. Damit die Liste noch länger werden kann.

15   Sensoren

Es ist ja ein offenes Geheimnis, dass unsere kleinen Androiden mit Sensoren gespickt sind. Kaum jemand denkt darüber nach. Und wer weiß eigentlich im Detail, was da so beteiligt ist?

http://www.
androidpit.de/de/
android/forum/
thread/412243/

▶ Tricorder

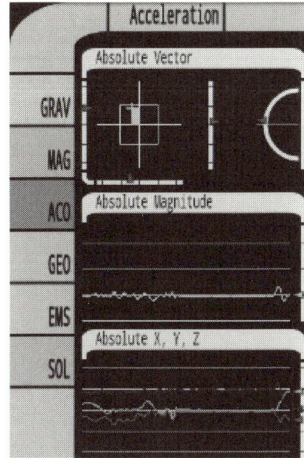

Tricorder

Tricorder zeigt die Datenverläufe der Sensoren Ihres Android-Geräts.

Entdeckerfieber geweckt? Dann lohnt sich ein Blick auf die App **Tricorder**. Ja, sieht auf den ersten Blick nach einem Star-Trek-Spielzeug aus. Aber das hat es in sich. Am linken Rand finden sich die verfügbaren Sensoren: Gravity (Beschleunigungssensor), Magnetfeld (Kompass), Akustik (Mikrofon), geografisch (GPS), EMS (elektromagnetisches Spektrum – also Funknetz) und schließlich Solaraktivitäten. Für Letzteres gibt es nicht wirklich einen Sensor – die Daten kommen übers Internet.

Die Anzeigen sind hier keinesfalls Fake, sondern spiegeln in der Tat die Sensorendaten wieder. Die **Tricorder**-App ist ein gutes Beispiel dafür, wie sich Praktisches mit Spielerischem verbinden lässt – deswegen wollte ich sie in meinem Buch auch unbedingt erwähnt haben.

▶ My Sensors

Leider hat Google den **Tricorder** auf Druck von Rechtsanwälten der CBS aus dem Markt entfernen müssen – der Name war hier weniger der Grund, Stein des Anstoßes war wohl vielmehr das Design. Nachzulesen ist diese Misere auf der Projektseite *http://code.google.com/p/moonblink/wiki/Tricorder*. Als Ausweichmöglichkeit sei daher auf **My Sensors** verwiesen.

My Sensors

Wie lassen sich die Sensoren denn nun noch sinnvoll einsetzen? Da gibt es einige Möglichkeiten, zum Beispiel als **Compass** oder mit **Bubble** als Wasserwaage. Diverse Logger und Monitore sind ebenfalls im Market verfügbar. Und (Geschicklichkeits-)Spiele. Und mehr. Eine ganze Liste von Beispiel-Apps findet sich in der verlinkten Übersicht. Darüber hinaus finden die Sensoren natürlich in einem ganz speziellen Einsatzbereich Anwendung, nämlich in der Augmented Reality.

http://code.
google.com/p/
moonblink/wiki/
Tricorder

16   SMS, MMS und Mails

Zum »Stay in Touch« gehören heutzutage natürlich auch die diversen Nachrichten.

SMS und MMS

Nein, nicht Twitter, Facebook & Co. – ich rede von Kurznachrichten (SMS), Multimedia-Nachrichten (MMS) und »richtigen« Mails. Erstere gibt es bereits seit den frühen Generationen der Mobiltelefone – aber da es mittlerweile auch die Letztgenannten auf unser mobiles Allzweckgerät geschafft haben, sollen diese hier ebenfalls behandelt werden.

▶ Handcent SMS

Wenn es ums Texten geht, scheint **Handcent SMS** der absolute Favorit zu sein. Allein die Auflistung der »wichtigsten« Features füllt auf der Market-Page eine ganze Bildschirmseite (ja, auch aufgrund der vielen Leerzeilen): SMS und MMS werden gleichermaßen bedient, Nachrichten können an Empfängergruppen verschickt werden. Backup und Restore von SMS und MMS. Mehrsprachig (16 Sprachen werden unterstützt). Mit zahlreichen Plug-ins erweiterbar. Die ganzen bunten Features lassen sich ja bereits problemlos anhand des Screenshots erkennen.

Handcent SMS

Handcent SMS bietet einiges an zusätzlichen Features zur Erstellung von Kurznachrichten.

Damit müsste hierzu das Wichtigste gesagt sein – aber vielleicht sollte ich ja auch noch kurz die gut 4,5 Sterne bei ca. 400.000 (!) Bewertungen erwähnen?

▶ chompSMS

Wie – trotzdem ein Alternativvorschlag gewünscht? Na ja, da wäre noch **chompSMS** zu nennen. Bei ca. 4,4 Sternen und über 100.000 Bewertungen kann es mit **Handcent** ja fast mithalten. Und was bietet diese App? Sie ist nicht ganz so bunt, hat aber dafür eine Chat-Ansicht, Kontaktbilder, Quick Reply, Signaturen, Codesperre und auch ein Widget. Die Anwender meinen:

chompSMS

Schaut gut aus und ist umfangreich konfigurierbar. Besser? Schlechter? Das sind wieder sehr subjektive Entscheidungen, die jeder selbst treffen muss.

Mail

Auch die E-Mail ist aus unserem Alltag nicht mehr wegzudenken. Das hat man bei Android erkannt und liefert eine passende App gleich mit. Welche das ist, ist aber teilweise auch noch herstellerspezifisch. Aber egal: Wer mit der bei sich installierten App sowieso unzufrieden ist, braucht sich um diese ja nicht weiter zu kümmern. Halten wir also besser nach einer guten Alternative Ausschau!

► K-9 Mail

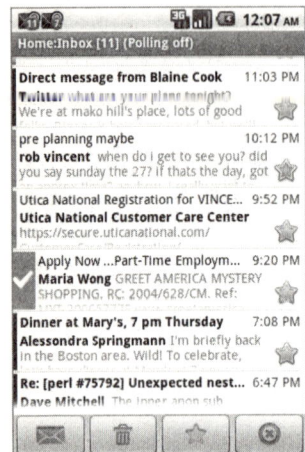

K-9 Mail

K-9 Mail als Alternative zum Standardmailprogramm.

Eine der bekanntesten und beliebtesten Apps hierfür ist **K-9 Mail**. Sie unterstützt mehrere Accounts, auf Wunsch auch mit »gemeinsamer Inbox« (quasi als Zusammenfassung der einzelnen Eingangsordner; das einer Mail zugehörige Postfach erkennt man dort an einer farbigen Markierung – wobei sich die Farben dafür natürlich wählen lassen). Als Protokolle werden sowohl POP3 und IMAP4 als auch Exchange unterstützt, und auch das GoogleMail-Konto lässt sich einbinden. IMAP-Push wird ebenfalls unterstützt. Das heißt, der Mailserver gibt der App Bescheid, wenn eine neue Mail da ist.

► MailDroid

Natürlich ist dies nur ein Auszug aus dem Funktionsumfang – da könnte man noch weit mehr aufzählen. Zum Beispiel die Unterstützung für PGP (Signieren/Verschlüsseln von Mails), konfigurierbare Benachrichtigungen in der Notification Area (der Balken ganz oben auf dem Screen, den man nach unten aufziehen kann) sowie Audio, Shortcuts für den Home-Screen, Signaturunterstützung.

MailDroid

Da jetzt sicher wieder auf eine Alternative gewartet wird, habe ich natürlich auch hier etwas herausgesucht: **MailDroid** wäre da eine Option. Die Features sind vergleichbar – und auch die Market-Bewertungen scheinen das zu unterstützen. Bei Interesse also einfach mal einen Blick darauf werfen! Und ansonsten, alternativ, einen Blick in die passende Übersicht bei AndroidPIT.

http://www.
androidpit.de/de/
android/forum/
thread/424868/

Urlaubspost

Ein jeder kennt sie: die gute alte Postkarte. Im Urlaub fast obligatorisch – und irgendwo sieht man garantiert einen Touristen sitzen, der seine gerade ausfüllt. Jedenfalls in Urlaubsgebieten. Aber warum nicht einmal anders? Warum die Urlaubspost nicht vom Androiden erledigen lassen?

▶ Postdroid

Postdroid

Mit *Postdroid* lassen sich Postkarten, Mauspads und mehr mit eigenen Motiven bestellen und verschicken.

Die Bedenken, dass dies doch unpersönlich sei, lassen sich leicht zerstreuen: Ein Urlaubsbild, auf dem man selbst mit drauf ist, ist doch wohl etwas Persönliches! Und sogar etwas abgefahren wird es, wenn man den Urlaubsgruß in Form einer Tasse oder eines T-Shirts versendet. Mit **Postdroid** kein Thema.

Mit vollem Namen nennt sich die App eigentlich **Postkarten, Magnete, Mousepads** – was ja schon einiges über sie aussagt. Die App kann nicht nur Postkarten, sondern auch alles Mögliche andere. Mauspads, T-Shirts, magnetische Karten, Kalender, Tassen ... Vorbereiten lässt sich alles auch ohne Datenverbindung – man speichert es dann einfach als »Draft« (Entwurf), bis wieder eine Datenverbindung verfügbar ist. Derzeit läuft gerade eine Promoaktion, sodass die erste Karte gratis verschickt werden kann. Einen »Credit« kann man auch zum Testen anfordern – weitere lassen sich aus der App heraus mit PayPal oder Kreditkarte erwerben.

Die Fotos holt man sich wahlweise vom Gerät oder importiert sie aus dem Facebook-Account (so vorhanden). Das Bild lässt sich dann noch mit Fingerpaint verzieren und mit einer »Caption« (Text unter dem Bild) versehen. Adressen können entweder manuell erfasst oder aus der Kontaktliste übernommen werden (daher auch die Permission, auf diese zuzugreifen). Was der Spaß im Einzelnen kostet, steht auf der App-Seite. Für eine Postkarte wird zum Beispiel 1 Credit fällig – 2 Credits kosten 5 US-Dollar, das macht also knapp 2 Euro.

Allerdings will die App auch einige Berechtigungen, von denen nicht alle so ganz einleuchtend sind. Zugriff auf die Kontakte: okay, zur Auswahl der Adressaten. Aber Dateisysteme bereitstellen oder Bereitstellung aufheben? Und großen Speicherhunger scheint sie auch zu haben – ist nicht genügend frei, soll man gleich aus der App heraus etwas anderes »killen«.

▶ Urlaubsgruss

Urlaubsgruss

Um den Versand von Postkarten mit eigenen Motiven kümmert sich *Urlaubsgruss*.

Wesentlich schonender mit den Berechtigungen geht hingegen **Urlaubsgruss** um: Nicht einmal auf die Kontakte greift diese App zu, die Adressen müssen daher manuell erfasst werden. Das Foto wird entweder direkt von der Kamera oder aber von der Speicherkarte importiert. Dazu schreibt man seinen Grußtext, gibt die Empfängeradresse ein, überprüft nochmals alles in der Vorschau – und übermittelt sodann die Daten. Der nächste Schritt ist die Bezahlung, die wahlweise gebührenfrei per Überweisung oder mit Zusatzgebühren über PayPal (+ 0,27 Euro) oder Click & Buy (+ 0,41 Euro) erfolgen kann. Hat man einen Gutscheincode, kann natürlich auch dieser verwendet werden. Eine Postkarte nach Deutschland schlägt mit 1,69 Euro, in alle anderen Länder mit 1,99 Euro zu Buche.

Weitere Postkartenversende-Apps werden in einem Forum-Thread bei AndroidPIT kurz vorgestellt bzw. zumindest genannt. Die Preise für den Versand einer einzelnen Karte liegen in der Regel zwischen 1 und 2 Euro.

http://www.
androidpit.de/de/
android/forum/
thread/431304/

17   Systemeinstellungen

Haben wir den Home-Screen als »Schaltzentrale« bezeichnet, so ist der Ort, an dem die Systemeinstellungen getätigt werden, ja wohl die »Steuerzentrale«. Und es gibt so einiges einzustellen bei Android, die Liste ist also nicht unbedingt kurz. Hinzu kommt, dass vieles »historisch gewachsen« ist – und somit manche Dinge an den verschiedensten Orten zu suchen sind, obwohl sie aus subjektiver Sicht eigentlich zusammengehören.

Mehr Übersicht bitte!

Klar, es handelt sich bei aktuellen Android-Versionen schon um recht komplexe Systeme, in denen man an vielen Schräubchen drehen können muss. Doch insbesondere für Neueinsteiger sind das meist zu viele. Wobei genau die, die man gern hätte, natürlich fehlen. Doch auch hier gibt es einige Apps, die für Erleichterung sorgen: entweder, weil sie die Auswahl auf wesentliche (häufig benutzte) Punkte zusammenstauchen – oder weil sie in spezifischen Bereichen zusätzliche Einstellungsmöglichkeiten schaffen.

▶ QuickSettings und Easy Access Settings

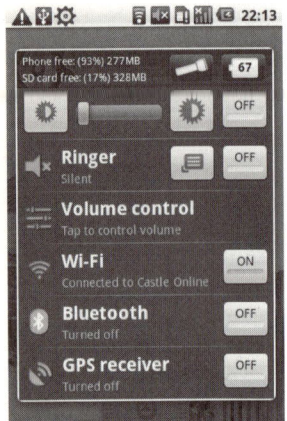

QuickSettings

Mit *QuickSettings* können häufig genutzte Einstellungen in gewünschter Anordnung zusammengefasst werden.

Wer sich lieber auf Wesentliches beschränken möchte, greift am besten zu Apps wie **QuickSettings**. Die App bietet die Möglichkeit, sowohl die Auswahl als auch die Reihenfolge der angezeigten Einstellungspunkte zu konfigurieren. Auf diese Weise lässt sich eine sehr personalisierte Konfigurationsseite erstellen. Sehr spezielle Punkte, die in der Regel selten benötigt werden, stehen aber oft nicht zur Auswahl.

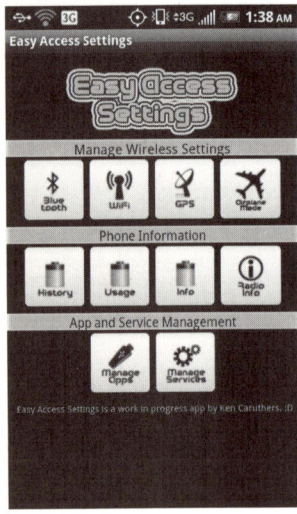

Easy Access
Settings

Auch *Easy Access Settings* bietet einen anderen Zugang zu den wichtigsten Einstellungen.

Etwas eingeschränkter in Sachen Konfigurierbarkeit ist **Easy Access Settings**: Hier hat man (meines Wissens) keinen Einfluss auf die angezeigten Punkte oder auch nur die Reihenfolge ihrer Anordnung. Dafür beinhaltet die App zusätzlich einen App-Manager und auch einen Service-Manager. Verbesserungen an der Bedienbarkeit sind für eine zukünftige Version bereits angekündigt.

Funktionserweiterungen

Während die einen es lieber kompakter hätten, gibt es da auch noch die Gruppe derer, denen die vorhandenen Konfigurationsmöglichkeiten nicht ausreichen. Auch ihnen kann (in einem gewissen Rahmen) geholfen werden.

http://www.
androidpit.de/de/
android/forum/
thread/422713/

▶ Spare Parts

So schaltet etwa die App **Spare Parts** eine ganze Reihe zusätzlicher Schalterchen frei. Sie ist die umfangreichste App in diesem Bereich und auch die, die bereits am längsten im Market verfügbar ist. Leider wurde sie aber auch schon ein Weilchen nicht mehr aktualisiert – Nutzer aktuellerer Android-Versionen (Froyo und neuer) greifen daher besser zum offensichtlichen Nachfolger namens **Spare Parts Plus!** (gratis) bzw. zu dessen Kaufversion **Spare Parts Plus! PRO**.

Spare Parts

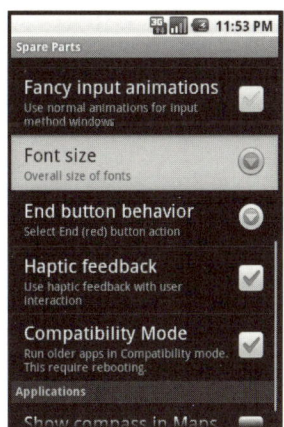

Spare Parts macht einige
zusätzliche Einstellungen zugänglich.

▶ Extra Phone Settings

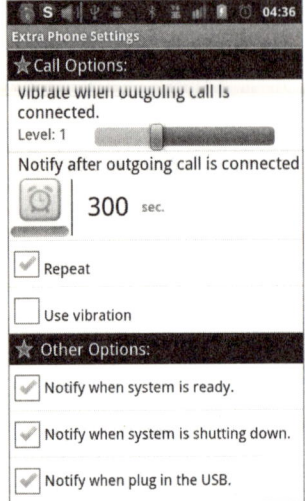

Extra Phone
Settings

Ebenso *Extra Phone Settings*.

Einige wenige zusätzliche Einstellungen bietet auch **Extra Phone Settings**. Mit ihrer Hilfe lässt sich der Androide bei einem ausgehenden Anruf kurz zum Vibrieren bringen, sobald die Gegenseite »abgenommen« hat.

▶ Wifi Config Editor

Zu guter Letzt sei noch eine besondere Spezialität kurz erwähnt: Der **Wifi Config Editor** ermöglicht es, die Wifi-Einstellungen noch detaillierter vorzunehmen. Weit mehr Einstellungen, als der Standarddialog normalerweise anzeigt. Otto Normalbenutzer braucht das wohl kaum einmal – doch für manchen »Spezialisten« ist es sicher ein wertvolles Werkzeug.

Wifi Config Editor

Einige Einstellungsmöglichkeiten mehr zur Wifi-Konfiguration bietet *Wifi Config Editor*.

18 Task-Killer, Autostarthelfer & Co.

Oh ja, ich höre schon die Schreie: Task-Killer gehören verboten! Android kann das selbst! Und gleich aus der Gegenrichtung: Task-Killer muss man haben, mein System läuft jetzt viel flüssiger!.

Wer hat nun recht? Beide. Keiner. Denn hier gibt es kein einfaches Schwarz und Weiß. Sicher ist jedoch: Wer nicht weiß, wie man eine Spritze setzt, sollte sich nicht als Arzt ausgeben – das kann sonst gehörig in die Hose gehen. Ein guter Arzt weiß jedoch die genannte Spritze so einzusetzen, dass sie dem Patienten hilft.

Man sollte also schon genau wissen, was man tut – und Task-Killer, Autostarthelfer & Co. können sehr nützlich sein. Wer es nicht weiß, lässt besser die Finger davon!

Kurz zusammengefasst (ausführliche Erläuterungen finden sich in einem Forum-Thread, der über den abgedruckten QR-Code zugänglich ist): Hier handelt es sich um ein sehr kontrovers diskutiertes Thema. Worin mir allerdings fast jeder zustimmen dürfte: Eingriffe ins System setzen eine gute Kenntnis desselben voraus.

Es ist korrekt, dass sich Android um die Speicherverwaltung selbst kümmert.

Dennoch haben Task-Manager/Task-Killer durchaus ihre Berechtigung – solange man seiner Sache sicher ist:

http://www.
androidpit.de/de/
android/forum/
thread/409249/

● Falsch: »Ich will den Speicher freiräumen.« Dafür ist der »OOM-Killer« zuständig.

● Richtig: »Eine App hat sich aufgehängt und blockiert [irgendwas].« Hier ist der Task-Killer angesagt – denn bis der OOM-Killer hier zuschlagen würde –, und ein Reboot ist nicht gerade die wünschenswerte Alternative.

● Richtig: »Eine App läuft Amok!« (Panik-Mode: Man erwischt gerade eine App dabei, wie sie alle persönlichen Daten inklusive Nacktfotos auf eine berüchtigte Website hochlädt ...). Oh ja: Abschießen! Oder gleich abschalten. Bis der OOM-Killer ... genau, da ist es dann eh zu spät.

19   Telefonieren

Eigentlich sollte der kleine Knochen ja ein Telefon mit Zusatzfunktionen sein. Auch wenn das bei einigen eher umgekehrt ist – oder sich zumindest die Waage hält. Doch definitiv sollte der Schwerpunkt sein: in Verbindung bleiben. Also das Wichtigste zuerst.

Telefon-Apps

Wie jetzt – braucht man dafür eine extra App? Nun: Genau genommen ist es ja eine App, mit der man das auf seinem Androiden von Anfang an gemacht hat. Auch wenn sie bereits vorinstalliert war und zum Kernsystem gehört. Aber bei Android ist eigentlich alles, was man auf dem Bildschirm zu sehen bekommt (und alles, was irgendwelche Aktionen bearbeitet), eine App. Und da gibt es (fast) immer Alternativen.

Die vorinstallierte Telefon-App hat mich von Anfang an genervt. Zum einen zu unübersichtlich: Die SIM-Kontakte ließen sich nicht ausblenden, jede Nummer wurde gefühlte zehn Mal wiederholt – für jede Aktion wie anrufen oder SMS schicken separat. Auch wenn es recht wenig Sinn macht, eine SMS an eine Festnetznummer zu schicken. Vor allem, wenn zu dem Kontakt auch eine Mobilfunk-nummer existiert. Und dann die »Fehlschüsse«: Das Antippen eines Elements öffnet bei jeder anderen App die zugehörige Detailansicht. Die Telefon-App startete hingegen sofort einen Anruf. Wie oft das schon versehentlich losging – am besten mitten in der Nacht. Also musste dafür dringend eine Alternative her.

Dialer One

Dialer One als Alternative
zur vorinstallierten Telefon-App.

Die war zum Glück mit **Dialer One** schnell aufgetrieben. Diese App beseitigt alle vorgenannten »Pannen« und präsentiert sich übersichtlich, und sofern man nicht direkt auf das Telefonsymbol am rechten Rand tippt, geht auch kein Telefonat los. Für die Aktionen gibt es ein Kontextmenü. Schön auch die automatische Suche: Beginnt man mit der Eingabe auf dem Ziffernfeld, fängt die App im Hintergrund gleich zu suchen an: Ist das bereits Eingegebene schon Bestandteil einer gespeicherten Nummer? Oder entspricht es, in Buchstaben umgesetzt, dem Namen eines Kontakts? Die gefundenen Treffer werden dann während der Eingabe aufgelistet. Einzig zum Bearbeiten der Einträge wird auf die vorinstallierte Kontakte-App zurückgegriffen.

Für mich eine prima Lösung. Wem das noch nicht gefällt, der findet im Market auch weitere Alternativen – ähnliche, aber auch ganz andere.

Telefon-Widgets

Über Shortcuts und Widgets haben wir ja bereits im Zusammenhang mit dem Home-Screen gesprochen. Was aber sollen jetzt bitte Telefon-Widgets sein?

Da gibt es also Icons auf dem Home-Screen, die telefonieren können? Ja, so unge fähr. Es lassen sich damit nämlich auch Shortcuts zu Kontakten anlegen. Gibt es also Leute, die man öfter anruft, muss man deren Kontakte nicht erst lange im Adressbuch suchen – sondern legt gleich eine passende Verknüpfung auf dem Home-Screen ab. Auch manche Launcher (wie etwa der bereits genannte **GO Launcher EX**) bieten derartige Widgets an – was dann auch bei diesen die geforderte Anrufberechtigung erklären dürfte.

Werden die anderen Features von Folder Organizer nicht benötigt und ist stattdessen eine Alternative gefragt? Der Markt hält davon etliche bereit. Viele davon heißen **Speed Dial**.

20   Tools

Einige Tools habe ich ja bereits vorgestellt – z. B. für die Verwaltung bzw. Organisation der Apps auf dem Androiden oder für Backups. Einige weitere sollen in diesem Kapitel folgen.

Dateimanager

Wo ist jetzt diese Datei gelandet? Und wie bekomme ich mal eben die Datei von A nach B? Oder einfach weg? Dateimanager gehören eigentlich zur Grundausstattung. Nur leider kommt bei Android nicht wirklich etwas Brauchbares mit. Aber zum Glück gibt es da genügend im Market – wie z. B. den **ES Datei Explorer**. Neben dem **Linda File Manager** und dem **Astro Datei-Manager** gehört er zu den drei beliebtesten Apps in dieser Kategorie.

▶ ES Datei Explorer

Und das nicht ohne Grund: Der **ES Datei Explorer** ist nicht nur intuitiv bedienbar, sondern kann auch gleich von Haus aus auf entfernte Dateisysteme (wie etwa den heimischen PC oder auch einen FTP-Server) via SMB (alias Samba alias Windows-Freigabe) oder FTP zugreifen. Somit steht einem Datenaustausch nichts im Wege – auch wenn einmal kein USB-Kabel zur Hand ist. Im lokalen Netzwerk werden

SMB-Freigaben auch automatisch gefunden – hier also wieder einfache Bedienung und Laientauglichkeit.

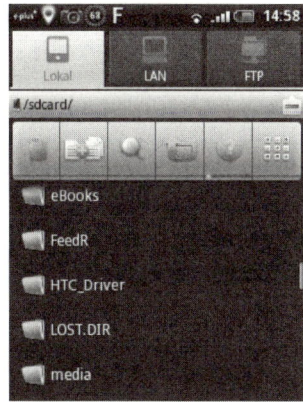

ES Datei Explorer

ES Datei Explorer bietet viele Möglichkeiten, um die Dateien auf dem Droiden zu verwalten.

Auch mit ZIP-Archiven kann diese App von Haus aus etwas anfangen. Sogar ein kleiner Bildbetrachter sowie ein Videoabspieler sind integriert. Und wem das noch nicht ausreicht, der findet Plug-ins für einen »Bookmark-Manager« (Lesezeichen für Dateien, Verzeichnisse etc. verwalten), einen »Sicherheits-Manager« (Apps mit Passwort schützen, Thread Detector, Gerät aus der Ferne sperren, Standort des Geräts ermitteln) sowie einen »Task-Manager« (Task-Killer, Apps löschen – mit Widget). An »Wurzelmenschen« wurde ebenfalls gedacht: Seit einigen Versionen werden spezielle »root-Operationen« unterstützt.

▶ Astro Datei-Manager

Eine der wenigen Sachen, die ich beim ES Datei Explorer erst lange suchen musste, ist die Anzeige von Details zu den Dateien in der Listenansicht. Dies ist für den **Astro Datei-Manager** wohl selbstverständlich. Davon abgesehen, scheint sich der Funktionsumfang dieser beiden Apps annähernd zu decken: Auch **Astro** versteht sich auf die Navigation durch das komplette Dateisystem, einschließlich Kopieren, Verschieben und Löschen von Dateien. Mittels Modulen lässt er sich erweitern, sodass Gleiches auch für Bluetooth, SMB und SFTP gilt. Ein Task-Manager scheint bereits an Bord, und für das Betrachten von Bildern sowie die Verwaltung installierter Apps ist ebenfalls gesorgt.

Astro Datei
Manager

Der *Astro Datei-Manager* zeigt Details
in der Listenansicht.

»Wurzeltools« bringt **Astro** keine mit, das Design ist sicher Geschmackssache. Auf der Beliebtheitsskala liegen die beiden genannten Apps relativ dicht beisammen, was die Bewertungen im Market betrifft.

▶ Total Commander

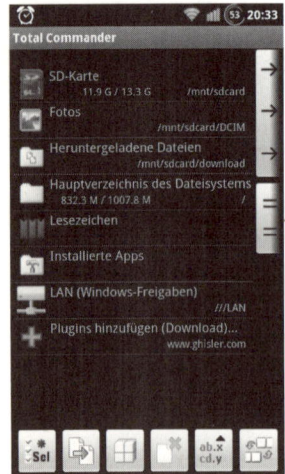

Total Commander

Der *Total Commander* ist vielen aus
der Windows-Welt bereits ein Begriff.

Doch die Szene könnte durchaus in absehbarer Zeit ein wenig aufgemischt werden – denn einer der bekanntesten Dateimanager aus der Windows-Welt schickt sich an, den Android Market zu betreten. Noch ist er dort nicht zu finden – doch man kann sich bei Bedarf bereits eine APK-Datei der aktuellen Betaversion installieren und sich rege mit Feedback an deren Tests beteiligen.

Die Rede ist vom **Total Commander** – und der kann sich offensichtlich in Sachen Funktionsumfang mit den beiden anderen vorgestellten Kandidaten durchaus messen. Wie der Screenshot erkennen lässt, kann man durch das lokale Datei-system ebenso navigieren wie durch SMB-Freigaben. Ein Lese-zeichen- sowie ein App-Manager sind zu erkennen, ebenso die Möglichkeit zum Download weiterer Plug-ins. Die Archiv-unterstützung (ZIP, RAR) entspricht der des **ES Datei Explorer,** an Netzwerkprotokollen stehen neben SMB offen-sichtlich noch FTP und FTPS zur Verfügung (SFTP ist unter Windows eben nicht so verbreitet). Auch soll ein Texteditor direkt integriert sein.

http://www.
androidpit.de/de/
android/forum/
thread/411023/

Weitere und ähnliche Apps sind wieder in einem Forum-Thread aufgeführt und – teilweise – auch näher beschrieben.

Synchronisieren von Dateien und Verzeichnissen

»Synchron« heißt wörtlich so viel wie »mit der Zeit«. Zwei alt-griechische Wörter stecken dahinter: *syn* (mit, gemeinsam) und *chronos* (Zeit). So erschließt sich auch die Bedeutung des Worts »Synchronisation«: zwei Datenbestände auf den gleichen zeitlichen Stand bringen. In unserem Kontext sind das Ordner auf dem Androiden, die mit Ordnern auf einem anderen Rechner abgeglichen werden sollen.

http://www.
androidpit.de/de/
android/forum/
thread/433708/

▶ Dropbox

Bei dem anderen Rechner denken die meisten selbstverständlich an die Cloud und hier in erster Linie an **Dropbox.** Denn wenn man einem Androidenjünger das Wort Cloud sagt, versteht der Google und Dropbox. Dann kommt zunächst eine ganze Zeit lang – nichts. Google ist ohnehin allgegenwärtig (»Entschuldigen Sie, wissen Sie vielleicht ...?« – »Nein. Aber fragen Sie doch mal Google.«) – also wenden wir uns dem anderen Begriff zu: **Dropbox.**

Dropbox

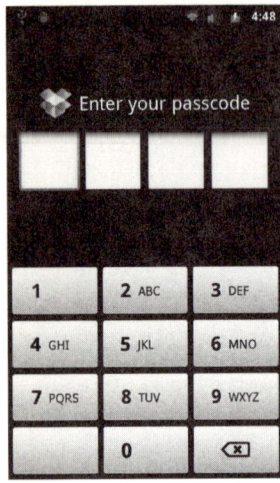

Der offizielle *Dropbox*-Client sorgt im Hintergrund für den Abgleich.

Tatsächlich heißt die offizielle App genau so wie der Service selbst – **Dropbox** – und kümmert sich in erster Linie natürlich um die Synchronisation. Dazu hält sie quasi einen Spiegel der im Service bereitgestellten »Online-Festplatte« auf dem Gerät bereit. Wird dort eine Datei abgelegt (oder verändert), bemerkt der Service das und veranlasst die Onlineaktualisierung (wenn bzw. sobald eine Netzverbindung besteht). Umgekehrt erhält er aus der Wolke auch Aktualisierungen, die von einem eventuellen weiteren Client eingestellt wurden. So sind alle Beteiligten auf dem aktuellen Stand.

Mit der App lassen sich aber auch **Dropbox**-Ordner für Freunde und Verwandte freigeben. Oder E-Mail-Anhänge direkt in der **Dropbox** abspeichern. Oder Dokumente direkt in der **Dropbox** bearbeiten ... Das bedeutet zunächst etwa 3 MByte Download aus dem Market, denn so groß ist das Installationsarchiv. Dafür ist es jedoch kostenlos, und obendrein erhält man bei der ersten Anmeldung über 2 GByte Online-Speicher geschenkt.

▶ Wolschons Dropbox-Suite

Dropbox ist sicher der verbreitetste und bekannteste derartige Cloud-Dienst – entsprechend groß ist auch die Auswahl verfügbarer Apps, deren Beschreibung fast ein eigenes Buch füllen würde. Da wäre etwa eine komplette App-Suite von Marcus Wolschon zu nennen, die sich mit *Dropbox Konten* zentral in Androids *Konten & Synchronisation* integriert. Der so etablierte Service versorgt alle anderen Apps der

Suite (*Send to Dropbox/Ordner mit Dropbox Syncen/Remote Filemanager for Dropbox*),
sodass sich deren Synchronisationseinstellungen zentral verwalten lassen.

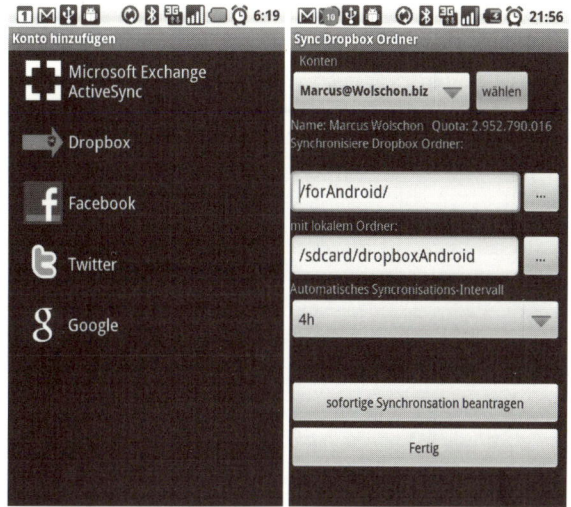

Wolschons
Dropbox-Suite

Marcus *Wolschons Dropbox-Suite* integriert sich in Androids Kontenverwaltung.

▶ **DropSpace Plugin und Dropbox Sync**

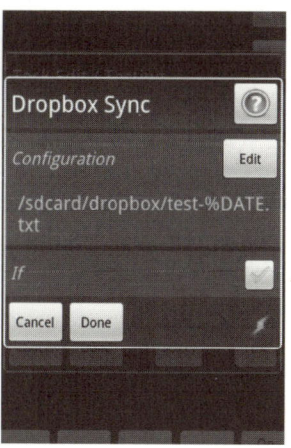

DropSpace Plugin

Tasker/Locale Plugins (links *DropSpace Plugin*, rechts *Dropbox Sync*) erlauben eine ereignisgesteuerte Synchronisation.

Wer nicht zu festen Zeitintervallen, sondern bei bestimmten Ereignissen (etwa bei Erreichen des heimischen WLAN oder beim Einstecken in die Dockingstation) synchronisieren möchte, findet mit **DropSpace Plugin** (gratis) und **Dropbox Sync** (ca. 1 Euro) auch passende Plug-ins im Market. Der Name des Ersteren deutet bereits an, dass es dazu noch eine App geben könnte – und richtig, DropSpace erlaubt die Konfiguration von zu synchronisierenden Verzeichnissen und stellt auch ein Widget für die manuelle Synchronisation bereit.

▶ Wuala

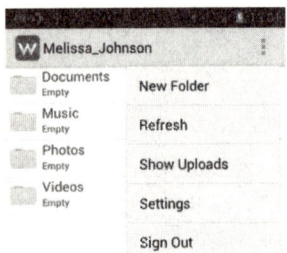

http://www.wuala.
com/de

Wuala verschlüsselt die Daten
vor dem Upload in die Cloud.

Nein, das ist kein weiterer Dropbox-Client: **Wuala** ist ein Cloud-Service, dessen Server unter anderem in Deutschland und der Schweiz stehen. Ein wichtiges Detail ist vielleicht noch, dass bei diesem Dienst des Festplattenherstellers LaCie die Daten verschlüsselt in der Cloud abgelegt werden – wobei die Verschlüsselung auf dem Client stattfindet. Das garantiert ein wenig mehr Privatsphäre. Clients gibt es auch für Linux, Mac OS sowie Windows – und der Dienst ist sogar mit einer Versionierung versehen. Auch dieser Dienst stellt gratis 2 GByte Speicher zur Verfügung – den man, wie bei Dropbox, durch das Einladen von Freunden oder Bezahlung erweitern kann.

Wenn eine App genau so heißt wie der Service und als Entwickler auch noch die hinter dem Service stehende Firma
genannt ist, handelt es sich wohl um die »offizielle App«. Diese
unterstützt die gebotenen Funktionalitäten auch am vollstän-
digsten – einschließlich der Gruppenfunktionen. Neben dieser
App gibt es derzeit nur eine weitere (**Sync for Wuala**), die
jedoch lediglich eine einseitige Synchronisation (aus der Cloud auf den Androiden)
beherrscht.

Wuala

▶ FTPSyncX

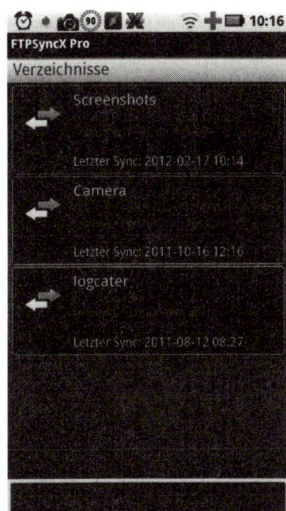

FTPSyncX

FTPSyncX ermöglicht den Datenabgleich
mit eigener Hardware.

Wer der Cloud nicht traut und höhere Anforderungen an die Privatsphäre etwa für
sensible Daten stellt, muss deshalb nicht im Regen stehen bleiben. Android bietet
auch Apps zum Datenabgleich mit eigener Hardware. Wie beispielsweise
FTPSyncX – die, anders als der Name es vielleicht vermuten lässt, eine Vielzahl an
Übertragungsprotokollen beherrscht. So kann ein Datenabgleich im heimischen
Netzwerk direkt mit über Samba bzw. Windows-Freigaben bereitgestellten Verzeichnissen erfolgen, über FTP, auch verschlüsselt, mit dem eigenen Server im Web
oder per SFTP/SCP mit beliebigen Linux-/Unix-Rechnern.

Mehrere Server und je Server mehrere Verzeichnisse lassen sich so verwalten (in
der Gratisversion ist die Anzahl beschränkt). Auch kann man bis auf Ordnerebene

hinunter festlegen, ob und in welchem Intervall ein Abgleich stattfinden soll und ob das gegebenenfalls nur bei verfügbarem WLAN oder gar nur in einem bestimmten WLAN geschieht. Widgets/Shortcuts für die schnelle manuelle Synchronisation sowie die Unterstützung von Tasker runden das Paket ab. Etwa 2 Euro kostet die Vollversion und bietet erstklassigen Support.

▶ FolderSync

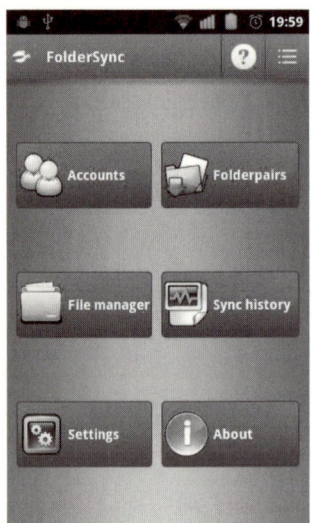

FolderSync

FolderSync unterstützt zusätzlich WebDav, Dropbox und Amazon S3.

Eine Alternative bietet **FolderSync**, die zusätzlich auch WebDav, Dropbox und Amazon S3 unterstützt. Außerdem ist ein Dateimanager integriert, mit dem sich auch die remote gespeicherten Daten verwalten lassen. Ein Backup/Restore der Konfigurationsdaten ist ebenso aus der App heraus möglich. Einschränkungen der Gratisversion: Es lässt sich nur ein Account konfigurieren, es gibt Werbung, und die bidirektionale Synchronisierung berücksichtigt keine Unterverzeichnisse. Die Vollversion ist für gut 1,50 Euro im Market erhältlich.

▶ Titanium Media Sync

Der Macher des bekannten **TitaniumBackup** hat auch eine Synchronisations-App verzapft: **Titanium Media Sync**. Grafisch echt toll gelöst, werden neben der Dropbox zwar »nur« die Protokolle FTP, SFTP und FTPS unterstützt – dafür lässt sich alles bis ins Feinste konfigurieren. Mit verknüpfbaren Bedingungen, was denn überhaupt synchronisiert werden soll, sowie Support für RSA-Schlüssel bei SFTP. 2,50 Euro werden für den Erwerb dieser App benötigt; eine Testversion steht leider nicht zur Verfügung.

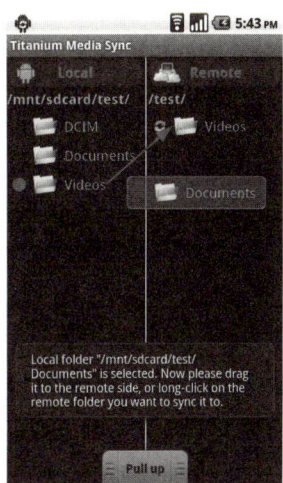

Titanium Media Sync

Titanium Media Sync kann mit RSA-Schlüsseln (für SFTP/SCP) umgehen.

Tastaturen

Zumindest in diesem Bereich ist bei Android bereits ein brauchbares Bordwerkzeug dabei. Was natürlich nicht heißt, dass es nicht vielleicht besser ginge. Wobei: Was besser ist, ist doch meist recht subjektiv – und so gibt es auch die verschiedensten Ansätze für Verbesserungen.

▶ ThickButtons

So gibt es mit **ThickButtons** eine Tastatur, die automatisch die wahrscheinlich passendsten Tasten – gemäß der vorigen Eingabe, also quasi ein Wörterraten – vergrößert, damit man sie besser trifft. Viele Tastaturen bieten auch »T9« an – tippen wie SiMSen in den »guten alten Zeiten«.

ThickButtons

ThickButtons vergrößert die Tasten mit
der höchsten Tippwahrscheinlichkeit.

▶ Ultra Keyboard

Ultra Keyboard

Ultra Keyboard – eine Tastaturalternative
mit einigen Zusatzfunktionen.

Eine andere Möglichkeit der Texteingabe ist das »Swypen«: Hier tippt man nicht
jeden Buchstaben einzeln an, sondern »wischt« über die Tastatur, ohne abzusetzen.
Und wäre es nicht schön, wenn man auch die lustigen Smileys immer gleich zur
Hand hätte? Oder Funktionen zum Kopieren und Einfügen? **Ultra Keyboard** vereint alle diese Möglichkeiten in einer App für den Preis von ca. 2 Euro.

▶ Graffiti und Vlingo

Nostalgiker aus Palm-Zeiten greifen vielleicht lieber zu **Graffiti** (ja, das gibt es auch für Android!). Und wer es futuristischer mag, holt sich **Vlingo** und tätigt seine Anweisungen verbal: »Vlingo! SMS an Peter: Komme heute später!« oder: »Vlingo, call Ingo!« Geht natürlich auch ohne Reim: »Vlingo: Suche nächste Sushi-Bar!« Vlingo führt dann hoffentlich die richtige Aktion durch: Schickt dem Peter die SMS, sucht die Nummer von Ingo raus und verbindet telefonisch mit ihm und navigiert schließlich zur Sushi-Bar. Das sind nur einige Beispiele – da geht bestimmt noch mehr.

Graffiti

Vlingo

Systeminfo

▶ OS Monitor und SystemPanel

http://www.
androidpit.de/de/
android/forum/
thread/412496/

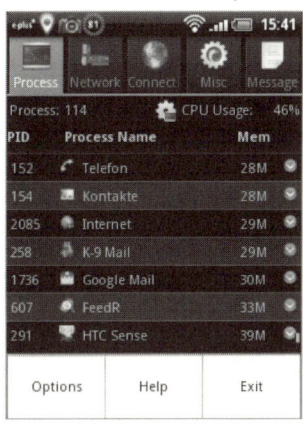

OS Monitor

OS Monitor – CPU-Fresser unter Kontrolle.

Wer belegt da eigentlich schon wieder den ganzen Speicher? Und wer frisst die ganze CPU? Und wo ist die Bandbreite der Netzwerkverbindung abgeblieben? Diese Frage beantworten Apps wie **OS Monitor** oder **SystemPanel**.

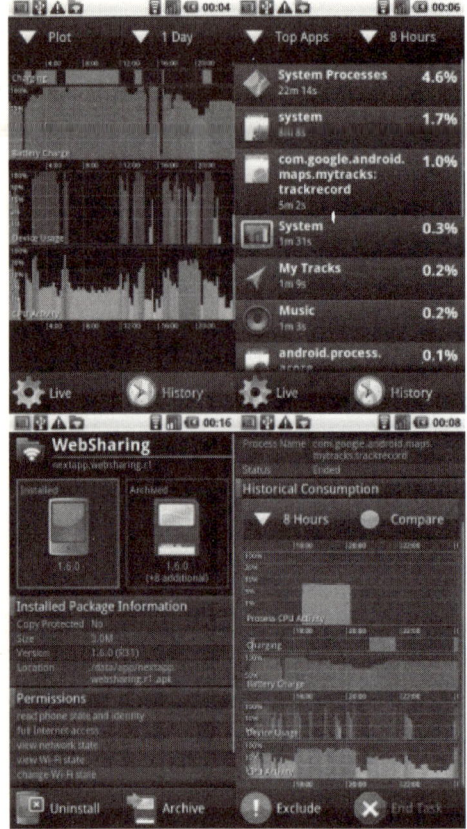

SystemPanel

SystemPanel – wo ist die Bandbreite?

Die Details sind recht unterschiedlich, und weitere in diesem Bereich verfügbare Apps mögen wieder eine andere Zusammenstellung bieten. **OS Monitor** bietet unter anderem einen Task-Manager, in dem man laufende Prozesse nach Kriterien wie CPU- oder Speicherverbrauch sortieren und bei Bedarf auch beenden kann, versorgt mit Informationen über vorhandene Netzwerk-Interfaces sowie offene Verbindungen (welche App und wohin – mit »whois« und Kartenansicht) und bietet auch Zugriff auf die System-Logs. **SystemPanel** hingegen eignet sich gut zum »Monitoring« – also zur Langzeitbeobachtung der Verbraucher –, deshalb wird auf diese App im Zusammenhang mit Monitoring im Bereich »Systemverwaltung« näher eingegangen.

▶▶ Android System Info

Natürlich sind das noch nicht alle Kandidaten dieser Kategorie: Da wäre beispielsweise **Android System Info**, das allgemeine Systeminformationen, Task-Manager, App-Manager und ein farbiges System-Log zur Verfügung stellt. Auch eine ganze Reihe von Widgets mit Systeminfos gibt es. Mehr Informationen dazu natürlich wieder im entsprechenden Forum-Thread.

Android System Info

http://www.
androidpit.de/de/
android/forum/
thread/410598/

Verschlüsselung

Vertrauliche Daten auf dem Smartphone sind heute sicher keine Seltenheit mehr. Was aber, wenn das Gerät in falsche Hände gerät? Wie sicher sind die Daten?

▶▶ FilesCrypter

Wer also unbedingt sensible Dinge auf seinem Androiden haben muss, sollte sich vielleicht auch über deren Verschlüsselung Gedanken machen. Apps wie **FilesCrypter** oder **Encryption Manager** sind in der Lage, sowohl einzelne Dateien als auch ganze Verzeichnisse zu verschlüsseln. Ein gut gewähltes Passwort, kombiniert mit einer sicheren Verschlüsselungsmethode – das macht das Knacken nahezu unmöglich.

FilesCrypter

http://www.
androidpit.de/de/
android/forum/
thread/411330/

▶▶ DroidCrypt

Die App **DroidCrypt** bietet noch etliche zusätzliche Mög-lichkeiten: etwa die Prüfung, ob irgendwo verschlüsselte Dateien auch noch unverschlüsselt vorliegen (das wäre gar nicht gut!). Oder die Möglichkeit, Dateien zusätzlich zum Verschlüsseln auch gleich zu komprimieren (um Platz zu sparen). Alternativ zu Passwörtern lassen sich übrigens mit dieser App auch die Bewegungssensoren nutzen: Schwenken und schütteln als Passwort, das ist doch mal was anderes!

DroidCrypt

Für Sicherheitsfanatiker: *DroidCrypt*.

Wer hingegen gleich das ganze Gerät verschlüsseln möchte: Diese Möglichkeit bietet Android ab Version 4.0 von Haus aus.

▶ LUKS Manager

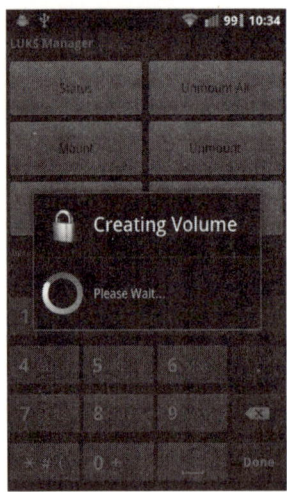

LUKS Manager

Was TrueCrypt auf dem PC, ist
LUKS Manager auf dem Androiden.

Wer TrueCrypt auf seinem PC einsetzt und eine vergleichbare
Möglichkeit unter Android sucht, der benötigt zunächst einmal
root auf dem Androiden und dann den **LUKS Manager**. Wie
von TrueCrypt (mit dem LUKS leider nicht kompatibel ist)
gewohnt, werden hier virtuelle Laufwerke angelegt – Container,
die ausschließlich verschlüsselte Daten enthalten. Diese Laufwerke lassen sich zur Laufzeit einbinden und auch entfernen
und stehen – einmal eingebunden – allen Apps transparent zur Verfügung.

http://www.
freeotfe.org/

Die Ver- und Entschlüsselung geschieht dabei automatisch im Hintergrund. Und
auch wenn die Container nicht mit TrueCrypt kompatibel sind, lassen sie sich den-
noch auch auf dem PC nutzen: FreeOTFE steht dafür unter Windows (oder mit
Wine unter Linux) bereit. Und da LUKS die Abkürzung für Linux Unified Key
Setup ist, sollte auch hier eine native Möglichkeit existieren – das Stichwort heißt
DM-Crypt.

Energieverwaltung

Warum nur ist am Ende des Akkus noch so viel vom Tag übrig?
Unsere Androiden sind kompakte Leistungsbündel: Display,
Netzwerk und eine leistungsstarke CPU fordern ihren Sold vom
Akku. Unglücklicherweise ist die Akkuleistung nicht pro-
portional mit den anderen Fähigkeiten von Smartphones
gewachsen: Reichte eine Ladung bei einfachen Smartphones vor noch nicht allzu
langer Zeit für bis zu zwei Wochen, wäre manch einer bei seinem aktuellen
Smartphone schon über zwei Tage oder auch nur 24 Stunden glücklich.

Cryptsetup-LUKS
unter Linux

Geräte verbrauchen oft mehr Akkuladung als notwendig, weil
sie unnötige Tätigkeiten ausführen. Ursache dafür kann auch
eine Fehlkonfiguration sein: Wetterdaten müssen nicht im
Fünfminutentakt aktualisiert werden, Mails meist ebenso
wenig. So lässt sich einiges bereits durch die richtigen Einstellungen regeln – eine Möglichkeit, die leider nicht jede App
bietet. Und so gibt es eine Reihe kleiner Helferlein, die hier Abhilfe schaffen wollen.

Akku-Sparer

▶ JuiceDefender

Die bekannteste App in diesem Kontext ist sicher **JuiceDefender** (wörtlich: Saft-
Verteidiger). Und sie ist vermutlich auch die umfangreichste und flexibelste App –

zumindest in der Ultimate-Version. **JuiceDefender** ist nämlich in mehreren Ausbaustufen verfügbar: Eine Gratisversion bietet die Grundfunktionalitäten, die sich für ca. 2 Euro mit der Plus-Version erweitern oder für etwa 5 Euro zur Ultimate ausbauen lassen. Ein Vergleich der gebotenen Funktionalität lässt sich auf der im QR-Code verlinkten Webseite einsehen.

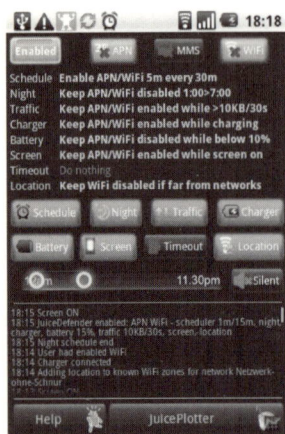

JuiceDefender

JuiceDefender verteidigt die Ladung des Akkus.

Je nach Bedarf regelt **JuiceDefender** die entsprechenden Verbraucher. So lässt sich beispielsweise die Netzwerkverbindung »stottern« (d. h. in Intervallen aktivieren und deaktivieren – fürs mobile Netz geschieht das durch Umbenennen des APN), wobei (ab der Plus-Version) ausgewählte Anwendungen auch permanente (oder gar keine) Aktivierung für ihre Übertragungen gewährt bekommen können. Wird ein Minimum an Ladezustand unterschritten, kann die App den Netzwerkverkehr komplett unterbinden. Ab der Plus-Version ist es überdies möglich, WLAN auch ortsbezogen zu aktivieren. Und mit der Ultimate-Version kann auf gerooteten Geräten die CPU-Taktung nach Bedarf angepasst werden.

▶ Green Power free

Green Power wird häufig als Alternative zu **JuiceDefender** genannt – beide Apps sind durchaus vergleichbar. Die meisten Dinge werden von beiden Apps gleichermaßen unterstützt, wenn sich ihre Verfügbarkeit auch unterschiedlich auf die Gratis- und Bezahlversion(en) verteilt. So ermöglicht **Green Power** bereits in der kostenlosen Version, mobile und WLAN-Daten basierend auf Schedule, Display-Status, Ladegerät, Signal-Level und weiteren Kriterien zu steuern.

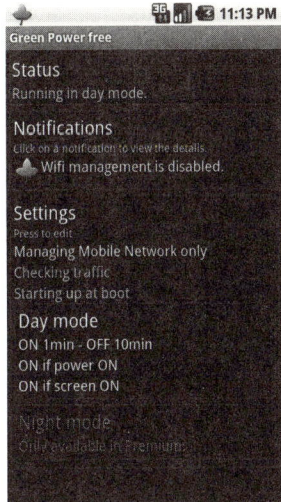

Green Power free

Green Power ist eine *JuiceDefender*-Alternative.

Wird die Verbindung zu schwach, etwa in der U-Bahn, wird sie abgeschaltet – und in Intervallen wird geprüft, ob sich eine Aktivierung wieder lohnt. Dafür sind Widget und Nachtmodus erst in der Bezahlversion (für etwa 1,50 Euro) verfügbar, ebenso wie eine Bluetooth-Schaltung. Hinzu kommt in der Premium-Version auch die Unterstützung für **Tasker** – womit sich die fehlende ortsabhängige WLAN-Schaltung und CPU-Steuerung dann umsetzen ließe. Zur Not auch ohne **Green-Power**.

▶ Battery Saver

Nicht immer ist das »Netz-Stottern« jedoch wünschenswert, und eine Alternative ist gefragt. Diese könnte z. B. **Battery Saver** sein – eine App, die das automatische Management mit Profilen verbindet. So kümmert sie sich beispielsweise im Hintergrund darum, bei zu schwachem Signal WLAN bzw. Radio zu deaktivieren und periodisch auf Verbesserungen zu prüfen, um es gegebenenfalls wieder zu aktivieren. Darüber hinaus lassen sich verschiedene Profile (etwa für die Arbeit, zu Hause, draußen ...) mit speziellen Einstellungen für Bildschirmhelligkeit, Klingeltonlautstärke etc. definieren. Auch das (Ent-)Ladeverhalten lässt sich anhand einer entsprechenden Grafik nachvollziehen. **Battery Saver** ist kostenlos über den Market erhältlich.

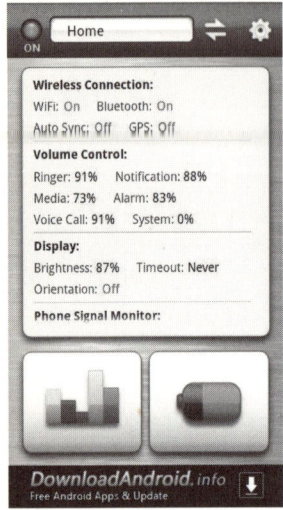

Battery Saver kümmert sich um nicht verfügbare Netze und bietet Profile für verschiedene Einsatzzwecke.

▶ Monitoring

Doch die beste Akkuschoner-App ist hilflos, wenn eine andere App Amok läuft.

http://www.
androidpit.de/de/
android/forum/
thread/410598/

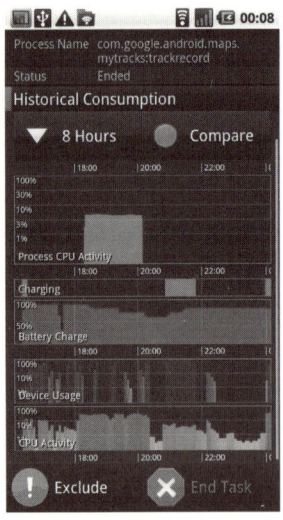

SystemPanelLite-
Task-Manager

Mit SystemPanelLite-Task-Manager kommt man Verbrauchern auf die Schliche.

Auf die Frage »Wer hat meinen Akku gefressen?« findet **SystemPanel** in der Regel eine Antwort. Die App bietet Task-Management (Was läuft und verbraucht wie viele Ressourcen?), Application-Management (Install/Uninstall + Backup) sowie System-Monitoring (Langzeitbeobachtung der Verbraucher – nur in der Kaufversion für ca. 2 Euro). Auch eine ausführliche Geräteinformation zu allen möglichen im Androiden verbauten Komponenten und zum laufenden System ist mit dabei. Eine integrierte und recht gute Online-Hilfe rundet das Paket ab. Einziger Wermutstropfen ist vielleicht, dass **SystemPanel** kein Deutsch spricht.

▶ System Tuner

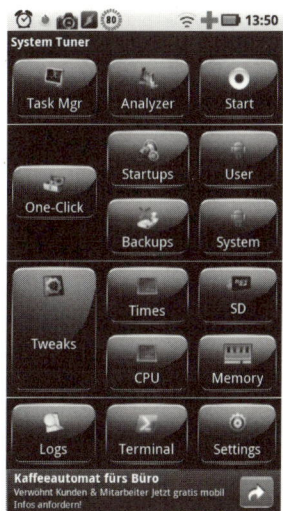

System Tuner und »Wird das RAM knapp«

System Tuner ist eine umfassende Android-System-Suite.

Ähnliche Funktionalität verspricht auch **System Tuner** – doch diese App hat weit mehr zu bieten, wie der Screenshot belegt: Sie beschränkt sich nicht nur auf das Monitoring, sondern bietet darüber hinaus auch zahlreiche Tools zur Systemoptimierung an. So lassen sich unter anderem CPU-Verhalten, der Cache der SD-Karte sowie die Konfiguration des OOM-Killers an die eigenen Bedürfnisse anpassen.

Mit dem integrierten Terminal-Emulator lässt sich schnell einmal ein Blick hinter die Kulissen werfen, der Logcat-Reader gibt Einsicht in die System-Logs, der App-Manager erlaubt neben dem Sichern und Wiederherstellen von Apps auch das Einfrieren und Löschen von System-Apps (so man denn über die benötigten root-Rechte verfügt), und eine ganze Armee von Widgets versorgt den Anwender mit

Schnellzugriffen. Mit Vorsicht ist hingegen der integrierte Task-Manager zu genießen: Den AutoKiller sollte man besser außen vor lassen – das automatische »Abschießen« von allem, was sich bewegt, hat nämlich eher negativen Einfluss auf das System. Näheres dazu im per QR-Code verlinkten Forenbeitrag.

Netzwerktools

Klar gibt es eine ganze Reihe von Apps, mit denen man auf Netzwerkressourcen zugreifen kann. Aber nicht immer möchte man erst mit einer App Dateien herunterladen, nur um sie dann mit einer anderen App nutzen zu können. Einfacher wäre es doch, könnte man das Netzlaufwerk direkt im Androiden einbinden – sodass es für alle Apps direkt verfügbar ist.

▶ CifsManager

http://www.
androidpit.de/de/
android/forum/
thread/436785/

CifsManager

Mit *CifsManager* lassen sich Windows-/
Samba-Freigaben integrieren.

Für Samba- bzw. Windows-Netzfreigaben stellt **CifsManager** diese Funktionalität bereit. Der Name deutet bereits an, dass die App auch die aktuelle Funktion bietet (CIFS ist eine Abkürzung für »Common Internet File System«, was wiederum eine Weiterentwicklung von SMB, dem auch als Samba bekannten »Server-Message-Block-Protokoll«, darstellt). Einmal konfiguriert, lassen sich so Freigaben auf

Knopfdruck einbinden und wieder entfernen. Und das Schöne: Diese App ist gratis im Market erhältlich und sehr gut bewertet.

▶ Mount Manager

Mount Manager

Mount Manager beherrscht neben Samba/CIFS auch NFS.

Auch diese App hieß ursprünglich wohl einmal **CifsManager**. Da sie aber mittlerweile auch NFS unterstützt, nennt sie sich jetzt **Mount Manager**. Einen Kernel mit Unterstützung für »loadable modules« und weitere Module vorausgesetzt, wären weitere Dateisysteme denkbar. Wenn man die App-Beschreibung dazu, was andere Tools nicht tun, so interpretieren darf, dass diese App es »drauf hat«, klingt das ganz interessant: Laufwerke werden beim Einschalten von WLAN aktiviert, sobald man sich im betreffenden Netz befindet. Gleiches gilt für den Start des Geräts, Tasker-Support, Speicherplatzanzeige und mehr. Das Ganze hat auch seinen Preis: So werden für die Vollversion ca. 3 Euro fällig.

▶ Netzwerkdiagnose

Klemmt es im Netzwerk? Lahmt es, oder scheint gar etwas nicht erreichbar? Auch in diesem Fall gibt es einige Apps, die eine Analyse vom Androiden aus ermöglichen.

http://www.androidpit.de/de/android/forum/thread/436644/

▶ Network Meter

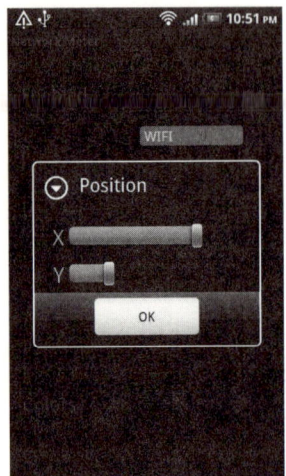

Network Meter

Network Meter stellt eine schwebende Anzeige zur Verfügung, die man immer im Blick haben kann.

Welches Netzwerk wird gerade benutzt? Wie ist der Durchsatz? Diese Fragen möchte **Network Meter** beantworten. Laut Market-Kommentaren scheint es sich hier wohl um ein frei konfigurierbares Widget zu handeln, das sich »frei auf dem Bildschirm positionieren« lässt – jedoch anders als ein Widget ständig im Vordergrund schwebt. So also scheint die Market-Beschreibung der App zu verstehen zu sein: *No matter which application you executing, you can get your network speed by this application.* Egal welche App gerade ausgeführt wird – man hat den Netzwerk-Speed immer im Blick. Klein und handlich (weniger als 100 KByte Download), gratis und auch noch gut bewertet – da steht einem Test eigentlich nichts mehr im Weg.

▶ Speedtest.net

Sind Statistiken gefordert, etwa um Schwachstellen beim Provider aufzudecken, bietet sich **Speedtest.net Mobile** an. Diese App speichert die Resultate periodischer Tests, sodass man im Nachhinein eine Vergleichsmöglichkeit hat. So ist leicht erkennbar, wo die lahme Ente sitzt – und wo dagegen »Schmitts Katze« abgeht. Zwar kann man bei knapp 3 MByte Download nicht mehr von klein und handlich sprechen (mehr Grafik und zusätzliche Details benötigen etwas mehr Platz) – doch auch diese App ist sehr gut bewertet und gratis im Market verfügbar.

Speedtest.net
Mobile

Speedtest.net legt Statistiken an.

▶ **NetStat**

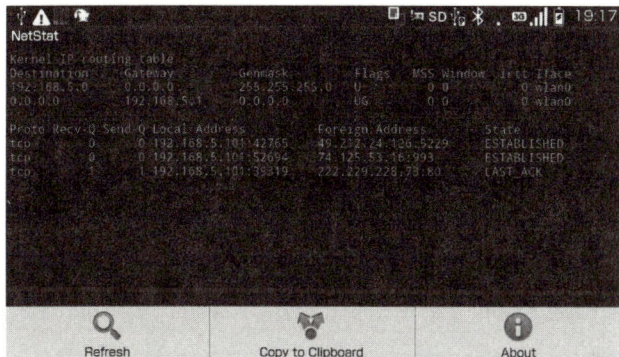

NetStat

NetStat zeigt an, mit welchen Adressen der Androide verbunden ist.

Ist es hingegen nicht nur einfach langsam, sondern es passiert überhaupt nichts? Dann stellt sich die Frage: Ist überhaupt eine Verbindung zustande gekommen? Und diese Frage kann beispielsweise **NetStat** beantworten. Wie vom gleichnamigen Unix-Tool bekannt, zeigt diese App offene Ports auf dem Gerät an. Dazu gehören bestehende Verbindungen (*ESTABLISHED*) ebenso wie etwa lauschende (*LISTENING*) Ports ohne Gegenstelle – wie sie beispielsweise ein auf dem Gerät bereitgestellter Dienst wie ein FTP- oder Webserver verursachen. Zusätzlich dazu wird auch die aktuelle Routing-Tabelle angezeigt. Ganze 30 KByte Download tun nicht weh, und die mit vier Sternen bewertete App ist noch dazu gratis im Market verfügbar.

▶ Traceroute und Visual Traceroute

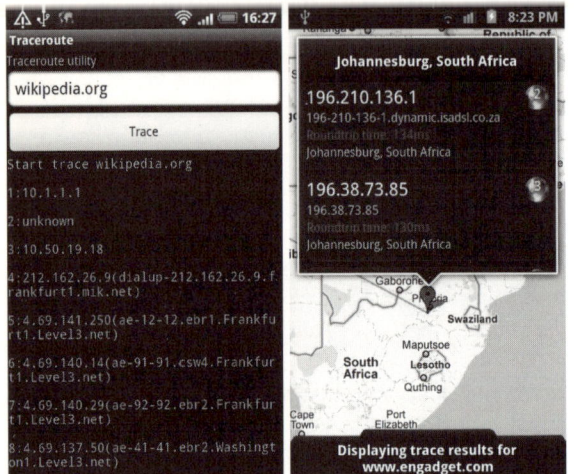

Traceroute und
Visual Traceroute

Traceroute verfolgt den Weg zum Ziel, *Visual Traceroute* zeigt ihn auch auf der Karte an.

Wird die gewünschte Gegenstelle von **NetStat** nicht aufgeführt, stimmt wohl etwas mit der Verbindung nicht: Vermutlich kann der Zielrechner nicht erreicht werden. Wo es klemmt, lässt sich nun mit Tools wie **Traceroute** ermitteln. Wie der Name bereits andeutet, verfolgen diese den Weg zum Ziel – und geben dabei die Zwischenstationen aus. Wenn es nirgendwo Probleme gibt, sollte als letzter Eintrag der Zielhost aufgeführt sein. Andernfalls zeigt der letzte Eintrag an, bis wohin man gekommen ist – das Problem liegt dann normalerweise unmittelbar dahinter. Mit diesen Informationen kann man dann gezielt auf den entsprechenden Administrator zugehen.

Wem »nackte Daten« zu wenig sind, der kann mit **Visual Traceroute** die Route auch auf der Karte verfolgen (Oh, von Berlin nach Potsdam geht es ja über Tokio – ob das so gedacht ist?). Gönnt man dieser App root-Rechte, will sie auch noch bessere Resultate erzielen: Standardmäßig wird zum Ermitteln der Route (wie auch bei **Traceroute**) der Ping-Befehl genutzt, den mancher Administrator auf seinem Server gesperrt hat. Mit root-Rechten lässt sich eine Alternative dazu nutzen. Ohne eine solche arbeitet auch **Visual Traceroute** einfach mit »Ping«. Beide Vier-Sterne-Apps lassen sich gratis im Market beziehen.

▶ MobiPerf

MobiPerf

MobiPerf gibt Auskunft über die
Eigenschaften des 3G Netzwerks.

Der Zielrechner ist laut **Traceroute** erreichbar, lässt sich aber laut **NetStat** nicht verbinden? Dann könnte möglicherweise der eigene Provider die Finger im Spiel und den notwendigen Port gesperrt haben. Prüfen lässt sich das beispielsweise mit **MobiPerf**. Diese App gibt zum einen Auskunft über die Eigenschaften des 3G-Netzwerks eines Androiden, etwa die lokale/globale IP-Adresse, die Bandbreite für Up-/Downloads, die Signalstärke, Latenzzeiten für DNS-Lookup/Ping/Verbindungsaufbau und mehr.

Zum anderen lassen sich auch Netzwerkprobleme mit dieser App analysieren. So kann man beispielsweise feststellen, ob bestimmte Ports vom Provider gesperrt sind (ctwa dic für BitTorrent zuständigen oder FTP/SSH/...). Alle Ergebnisse werden im Cache aufbewahrt. Damit lassen sie sich einerseits offline auslesen, andererseits aber auch mit späteren bzw. früheren Ergebnissen oder solchen unterschiedlicher Standorte vergleichen. Auch diese mit 4,7 Sternen überdurchschnittlich gut bewertete App gibt es gratis im Market.

Sicherheit

▶ Anti-Virus und Anti-Malware

Wer auf dem PC Windows nutzt, für den gehören derartige Applikationen sicher zur Grundausstattung – während Linux- und Mac-Nutzer vielleicht lediglich davon gehört haben. Denn auch wenn Firmen wie Symantec, Kaspersky & Co. fleißig an der Panikglocke läuten: Viren sind unter Android aufgrund des Sandbox-Systems – jede App läuft abgeschottet in einem eigenen Sandkasten und kann nicht auf andere Apps zugreifen – so

Wenn der Trojaner klingelt.

gut wie unmöglich. Meines Wissens existiert noch kein einziger Virus. Und wie der verlinkte Artikel vom Standardleitweg aufzeigt: Trojaner kommen nur herein, wenn man sie explizit dazu auffordert. Die wichtigste App im Bereich »Antivirus & Antimalware« ist daher (hoffentlich) im biologischen Speicher des Anwenders installiert und nennt sich GMV = gesunder Menschenverstand. Einfach zusammengefasst: nicht wahllos auf alles klicken, was sich bewegt, keine dubiosen Apps installieren (geforderte Berechtigungen gut durchlesen) und im Zweifelsfall die Finger weglassen und zunächst im Forum nachfragen. Schon ist man eigentlich auf der sicheren Seite.

Merkwürdig ist auch: Da warnen Kaspersky & Co. doch explizit, bei der Installation auf Apps mit exorbitanten Berechtigungsanforderungen zu achten – und diese besser nicht zu installieren. Oh, schade! Damit kann ich hier eigentlich kaum eine App vorstellen – denn genau das (exorbitante Berechtigungsanforderungen) trifft auf die Apps der genannten Firmen insbesondere zu. Wer es dennoch nicht lassen kann ...

▶ Lookout Security-Antivirus

Lookout Security-
Antivirus

Das Komplettpaket *Lookout Security-Antivirus*
möchte Rundumschutz gewährleisten.

Ja ja, auch die Hersteller werfen öfter einmal etwas durch-
einander. »Antivirus: Stoppen Sie Malware, Spyware und
Trojaner«, so heißt es beispielsweise in der Beschreibung dieser
App. Ein Virus ist etwas anderes (und, wie beschrieben, unter
Android nicht zu finden). Aber gut, dass sich hier um Malware,
Spyware und Trojaner gekümmert wird: Jede heruntergeladene
App wird hier auf Schädlingsbefall geprüft. Zusätzlich lassen
sich »Sicherheits-Komplettscans« des Geräts einrichten, die

https://www.
mylookout.com/
premium

automatisch zum angegebenen Zeitpunkt, etwa wöchentlich, starten. Außerdem ist
die Möglichkeit gegeben, ein abhanden gekommenes Gerät per Google Maps zu
lokalisieren – einen Account beim Anbieter vorausgesetzt. Auch ein lauter Alarm
vom Gerät selbst lässt sich auslösen – sogar wenn es gerade auf lautlos steht (da
eignet sich bestimmt eine MP3, in der jemand laut »DIEBE!« schreit).

Während die Basisfunktionalität gratis zur Verfügung steht, bietet eine auf der
Website des Anbieters erhältliche Premium-Version zusätzliche Funktionalitäten –
etwa ein Remote-Wipe (komplettes Löschen aller Daten aus der Ferne) oder ein
Remote-Lock (Gerätesperrung aus der Ferne). Der Spaß kostet dann wahlweise
monatlich 3 oder jährlich 30 US-Dollar.

▶ Antivirus Free

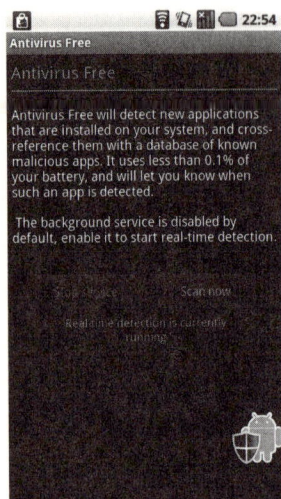

Antivirus Free

Antivirus Free prüft neue Installationen.

Recht vertrauenswürdig kommt **Antivirus Free** daher. Nicht nur, dass es sich selbst auf ein Minimum an geforderten Berechtigungen konzentriert, es sagt auch offen, was es eigentlich tut: Sobald der Anwender eine neue App installiert, schaut **Antivirus Free** in seiner Datenbank nach, ob dort ein »böser Eintrag« vorhanden ist – und meldet das dann entsprechend mit einem Eintrag in der Statusleiste. Finanzieren tut sich das Ganze über eingeblendete Werbeanzeigen (daher auch der geforderte Zugriff auf den Standort: Wen in Deutschland interessiert es schon, wo es in Känguru-Land das beste Fosters gibt?) – die App ist also gratis im Market zu haben.

Diebstahlschutz

Wie kann man eine App vor Diebstahl schützen – etwa das Gehäuse unter Strom setzen? Wie lange macht der Akku dann wohl noch mit? Zugegeben: Die meisten sogenannten »Anti-Theft-Apps« kümmern sich eher um die Aktivitäten, die man, nachdem das Gerät abhandengekommen ist, auslöst: Wo ist es? Lösche alle persönlichen Daten! Sperre das Gerät! Selbstzerstörung, Explosion – nein, nein, das gehört (noch) nicht zum Repertoire.

▶ Alarm anti theft

Alarm anti theft

Alarm anti theft ist ein Frühwarnsystem.

Frühwarnsysteme wie **Alarm anti theft** reagieren, sofern sie scharf geschaltet sind, auf Bewegung: Sobald sich also jemand am auf dem Tisch liegenden Androiden zu schaffen macht, ertönt ein lauter Alarm. Ein tolles Prinzip, das nur leider auf einigen Geräten daran scheitert, dass der Bewegungssensor bei ausgeschaltetem Display deaktiviert wird. Zur Deaktivierung des Alarms ist bei der genannten App die Eingabe eines zuvor konfigurierten Passworts notwendig. Diese App ist gratis im Market erhältlich.

▶ GotYa! Face Trap

Wie kann man denn für den Fall vorsorgen, dass das Gerät doch einmal verschwunden ist? Da wäre beispielsweise **GotYa! Face Trap**. Die App erstellt Fotos vom Dieb, wenn er das falsche Entsperrmuster eingibt. Das geschieht natürlich leise im Hintergrund. Ebenso kann die aktuelle Position erfasst werden. Diese Daten werden dann einschließlich eines Google-Maps-Links per Mail verschickt. **GotYa!** lässt sich auch per SMS kontrollieren: Gerät (ent)sperren, aktuellen Standort abfragen, Rückruf veranlassen. Auch eine Benachrichtigung beim Wechsel der SIM-Karte ist möglich (allerdings nur in der etwa 2 Euro teuren Vollversion). Genauere Informationen gibt auch ein Video auf der Market-Seite der App. Wer gut aufgepasst hat, hat die beiden Haken gesehen: Die App setzt eine Frontkamera sowie eine Netzverbindung voraus.

GotYa! Face Trap

Mit *GotYa! Face Trap* Fotos vom Dieb erstellen.

▶ Where's My Droid

Where's My Droid

Where's My Droid hilft, ein abhanden gekommenes Gerät aufzuspüren.

Es muss ja nicht immer ein Dieb sein. Wie bei den Autoschlüsseln ist es einfach oft die Frage: Wo hat man das Teil bloß hingelegt? Wer sich also in den eigenen vier Wänden befindet und sicher ist, seinen Androiden auch mit dorthin gebracht zu haben, möchte vielleicht einfach einen Klingelton oder den Vibrationsalarm auslösen (hoffentlich klingelt/vibriert es dann nicht im Hund). Diese und weitere

Möglichkeiten bietet **Where's My Droid**. Dazu braucht es nur ein Zweitgerät – oder einen Internetservice, mit dem man eine SMS verschicken kann.

In der App sind nämlich passende »Attention Words« hinterlegbar: Sobald eine SMS mit einem dieser Schlüsselwörter eintrifft, wird die passende Aktion ausgelöst – und gegebenenfalls eine Antwort, ebenfalls per SMS, an den Absender geschickt. So lässt sich auch die aktuelle Position des Geräts ermitteln. Alternativ zur SMS funktioniert das Ganze per Mail – und somit auch, falls die SIM-Karte gewechselt wurde. Die Pro-Version für nicht einmal 1 Euro unterstützt ebenfalls das Sperren, das Löschen der SD-Karte und des Telefonspeichers aus der Ferne, damit die privaten Daten nicht in fremde Hände geraten.

Kinderschutz

Oh, welch tolles und mehrdeutiges Wort! Also gleich ein Quiz: Worum geht es?

http://www.
androidpit.de/de/
android/forum/
thread/445686/

◌ Kinder vor Android schützen

◌ Android vor Kindern schützen

◌ Kinder mit Android schützen

◌ Android mit Kindern schützen

Tipp: Nur einer der genannten Punkte ist falsch – sofern es die Apps betrifft ...

▶ WebNanny

Content-Filter nutzen vorgefertigte Listen, um Zugriff auf unerwünschte Inhalte zu unterbinden. Da es für einen normalen Anwender nahezu unmöglich ist, eine vollständige und aktuelle Filterliste zu pflegen, stellt der Anbieter von **WebNanny** eine solche in seiner Cloud bereit. Darüber hinaus lassen sich eigene Filter in sogenannten Black- und Whitelists ergänzen: Die Blacklist enthält weitere zu unterbindende Adressen, die Whitelist hingegen explizit freigegebene. Das Ganze gilt jedoch lediglich für den im Paket integrierten Webbrowser, ist dafür aber gratis im Market erhältlich.

WebNanny

WebNanny ist ein Content-Filter, der Zugriff auf unerwünschte Inhalte unterbinden soll.

▶ Ranger Pro

Ranger Pro

Ranger Pro – ein Content-Filter wie WebNanny.

Alternativ bietet sich der in der Grundausstattung ebenfalls gratis verfügbare **Ranger Pro** an. Zusätzlich zum Content-Filter ist hier noch ein »Zeitfilter« integriert; über diesen lassen sich die Zugriffszeiten (Zeitfenster) einschränken. Eine Protokollfunktion gibt darüber Auskunft, auf welche Seiten zugegriffen wurde. Auch bei dieser App ist der Browser integriert; die Nutzung anderer Browser soll sich sperren lassen. Eine erweiterte Version (für ca. 1,50 Euro) erlaubt die Aufzeichnung des Standorts. Für beide Varianten ist ein (kostenloser) Account beim Anbieter Voraussetzung für die Nutzung.

▶ Norton Online Family

Norton Online Family

Norton Online Family bietet zusätzlich die Überwachung aller Aktivitäten.

Wer darüber hinaus noch die Aktivitäten seiner Sprösslinge überwachen will (sofern sie den Androiden betreffen), greift zu einer App wie **Norton Online Family**. Auch hier ist ein kostenloser Account beim Anbieter erforderlich. Die Filterung von Webinhalten erfolgt anhand selbst erstellter Black- und Whitelists sowie »Typen von Seiten« (also sowohl anhand selbst erfasster URLs als auch vom Anbieter gepflegter Listen – wie bei den zuvor genannten Filter-Apps). Über »Time Limits« lässt sich die Nutzungszeit einschränken. Und dann wäre da noch der »Big-Brother-Modus«: alle Webseiten, die besucht wurden (oder die zu besuchen versucht wurden), Chat-Monitoring sowie optional auch Monitoring privater Daten. Die App ist gratis.

▶ familysiren

Nix heimliche Schnüffelei. Bei **familysiren** ist jeder »Teilnehmer« ein mündiges Mitglied. Die Familie ist quasi eine kleine Community, die gern wissen möchte, wo sich all ihre Mitglieder befinden. Die Freigabe dieser Ortsdaten erfolgt dabei aktiv, indem sich das jeweilige Familienmitglied eincheckt. Dazu kommen »Emergency Messages«, die von den Empfängern schwerlich verpasst werden können (sie lösen einen Alarm aus). Die Kernfunktionalitäten sind hierbei gratis, Premium-Funktionalitäten wie Location History und »Fencing«, d. h. das Festlegen von »sicheren Bereichen« mit Alarm beim Verlassen derselben (testweise für 30 Tage ebenfalls gratis, anschließend 2 Dollar monatlich bzw. 15 jährlich), lassen sich zubuchen.

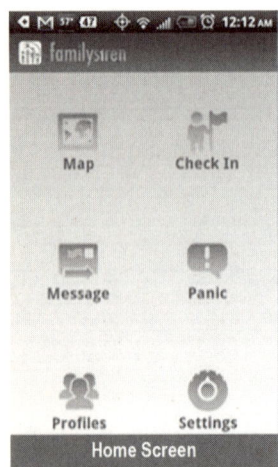

familysiren

Mit dem *familysiren Family Locator* weiß jedes Familienmitglied, wo das andere gerade ist.

▶ Famigo Sandbox

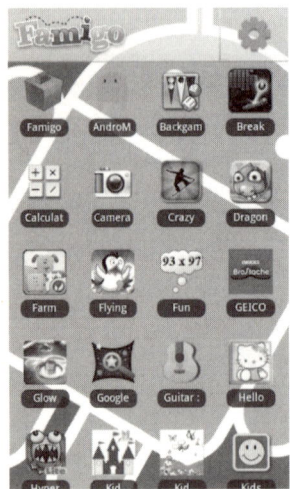

Famigo Sandbox

Famigo Sandbox bietet einen »sicheren Raum«.

Und wie verhindert man effektiv, dass die »Kleinen« eine unerwünschte App starten – oder gar über den Market installieren? Ganz einfach: Man steckt sie in den Sandkasten. Virtuell natürlich. Eine Möglichkeit dafür nennt sich **Famigo Sandbox**. Sie erstellt eine gesicherte Umgebung, in der nur ausgewählte Apps verfügbar sind. Welche das sind, legt natürlich der Erwachsene mit dem Passwort fest – doch die App selbst macht auch gern den einen oder anderen Vorschlag, falls man dies wünscht. Verlassen kann den Sandkasten auch nur der, der den Zauberspruch kennt – ein einfaches »Sesam öffne dich!« tut es da nicht. Ein Video auf der Market-Seite, wo man die App auch gratis erhalten kann, gibt weitere Informationen. Ein Account auf der Website des Anbieters ist ebenso erforderlich.

Zugriffsschutz

In diesem Kapitel soll es nicht darum gehen, wie man den Androiden vor Fettflecken von Grabbelfingern schützt, sondern vielmehr um Dinge, auf die Apps Zugriff haben – und nach eigener Ansicht besser nicht haben sollten. Da dank des Sandbox-Prinzips eine App der anderen nichts verbieten kann (zumindest nicht ohne root), sollte man sich die geforderten Berechtigungen am besten vor der Installation ansehen: Eine App darf schließlich nur das, was sie bei der Installation auch angefordert hat.

http://www.
androidpit.de/de/
android/forum/
thread/425974/

▶ Verdächtig

App	▼ Rating
VerySuspiciousApp	(100%)
Google+	(17%)
Messenger	(17%)
Goggles	(15%)
NavDroyd	(12%)
Torque	(12%)
immowelt	(10%)

Verdächtig

Verdächtig hilft beim Aufspüren potenziell gefährlicher Apps.

Wer alle bereits installierten Apps auf verdächtige Kandidaten prüfen möchte, findet in **Verdächtig** einen guten Helfer. Diese App scannt alles Installierte und sortiert es dann nach »Grad der Verdächtigkeit«. Wählt man nun eine der aufgeführten Apps aus, werden alle von dieser geforderten Berechtigungen aufgeführt – zusammen mit einer Erklärung, was das bedeutet und was eine »böswillige App« damit anstellen könnte. Nicht berücksichtigt bleiben dabei besonders kritische Kombinationen: Eine App, die etwa Zugriff auf das Internet und persönliche Daten wie Kontakte, Kalender etc. hat, kann natürlich »nach Hause telefonieren« und die persönlichen Daten dorthin übermitteln ...

▶ RL Permissions

RL Permissions

Auch *RL Permissions* spürt mögliche Gegner auf.

Eine etablierte App in diesem Bereich ist auch **RL Permissions**. Hier zeigt eine Ampel die potenzielle Gefährlichkeit einer App an – wobei ein roter Balken nicht heißen muss, dass die App tatsächlich etwas Böses tut, sondern lediglich, dass sie das Potenzial dazu hätte, sollte es sich um einen »hinterhältigen Programmierer« handeln. Auch lassen sich Apps nach verwendeten Berechtigungen oder aber die Berechtigungen nach Apps gruppieren. Letzteres läuft dann wohl einfach auf eine alphabetisch sortierte Anwendungsliste hinaus.

▶ LBE Privacy Guard

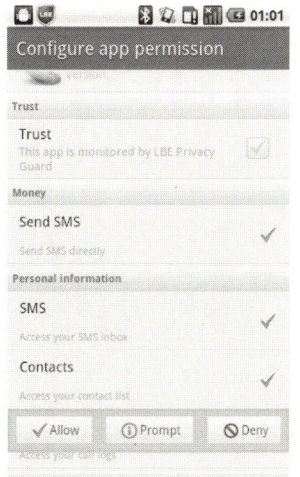

LBE Privacy Guard

Mit dem *LBE Privacy Guard* lassen sich, root vorausgesetzt, Zugriffe von Apps einschränken.

Um die Rechte installierter Apps zu beschneiden, ist root Grundvoraussetzung: Nur root ist in der Lage, auf Apps in anderen Sandboxen zuzugreifen. Verschiedene Custom-ROMs (unter anderem CyanogenMOD) bieten eine Rechtebeschneidung von Haus aus an – allerdings führt das nicht selten zum Absturz (auch als »Force Close«, »Schließen erzwingen« bekannt) der betroffenen Apps, denen der Zugriff unerwartet untersagt wurde. Wesentlich eleganter löst dies **LBE Privacy Guard**:

Statt den Zugriff einfach zu unterbinden, täuscht es falsche Tatsachen vor. So sind etwa Adressbuch und Kontakte leer, das Internet ist gerade nicht verfügbar, und eine SIM-Karte nicht eingelegt. Der aktuelle Standort ist natürlich unbekannt, die Geräte-ID ein Fantasiewert und so weiter. Neben dem prinzipiellen Verbot oder der generellen Genehmigung gibt es auch die Möglichkeit der Rückfrage – sodass man von Fall zu Fall entscheiden kann, was man zulassen möchte und was nicht.

▶ DroidWall

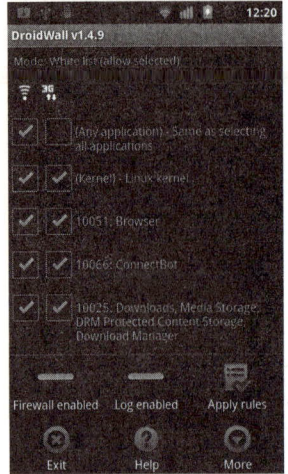

DroidWall

Mit *DroidWall* lässt sich der Netzzugriff einzelner Apps regeln.

Geht es lediglich um den Netzzugriff, ist **DroidWall** eine gute Wahl. Mit dieser App – die natürlich wieder einmal root voraussetzt – lässt sich der Netzzugriff für jede einzelne App regeln: darf rein – darf nicht rein – darf nur mit WLAN oder nur mit mobilem Netz rein. Eine Zugriffsprotokollierung ist ebenfalls mit an Bord. **DroidWall** selbst dient dabei nur als Frontend für das im Kernel implementierte iptables und übermittelt die vom Nutzer getätigten Einstellungen in Form von »Regeln«. Wer sich mit solchen Regeln gut genug auskennt, kann die App daher auch nutzen, um komplexere Regeln an das iptables-Modul übergeben zu lassen. **DroidWall** ist gratis – der Entwickler freut sich jedoch über eine Spende.

Automatisieren von Aufgaben

Wozu hat man eigentlich einen Hosentaschencomputer, wenn man dann doch jede Kleinigkeit selber machen muss? Und der Mensch ist ja so vergesslich: Wieder einmal das Telefon auf dem Schreibtisch liegen lassen, zum Mittagessen gegangen, und die Kollegen hat das dauernde Klingeln »erfreut«? Oder vergessen, vor dem Starten des Navis GPS anzuschalten? Oder ...

http://www.androidpit.de/de/android/forum/thread/423710/

Was kann man also tun? Mein Forum-Thread zum Thema zeigt etliche Möglichkeiten auf. Da gibt es einfache Apps für einfache Möglichkeiten (und einfache Leute) – und auch richtig komplexe Dinge, die schon ein wenig Einarbeitungszeit erfordern. Egal was die Wünsche hier sind – es sollte sich eine passende App finden.

▶ Timeriffic und Android Audio Profile

Hat man einen sehr geregelten Tagesablauf und möchte lediglich zeitgesteuert ein paar kleinere Dinge erledigt haben – wie nachts in den Flugzeugmodus, morgens wieder an und von 9 bis 17 Uhr leise? Dann reicht eine zeitgesteuerte App wie **Timeriffic** oder **Android Audio Profile** völlig aus. Geht jemand oft ins Kino, aber zu unterschiedlichen Zeiten – und da soll der kleine Quälgeist gefälligst still sein? Dann greift dieser eher zu einer »ortsgesteuerten« App wie **Llama**.

Timeriffic

Android Audio Profile

▶ EasyProfiles, PhoneWeaver

Beides wird gebraucht und vielleicht noch ein paar Aktionen mehr – doch zu kompliziert soll es auch nicht werden? Dann sind Apps wie **EasyProfiles** oder **PhoneWeaver** vielleicht das Richtige.

EasyProfiles

PhoneWeaver

▶ Tasker

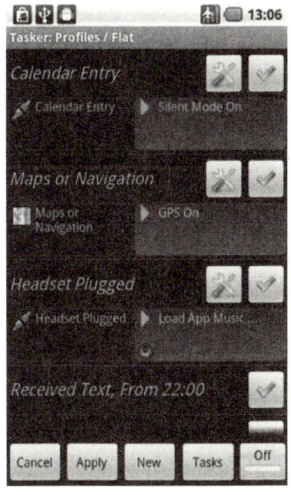

Tasker

Tasker bietet irre viele Möglichkeiten, Vorgänge zu automatisieren.

Wer das Ganze aber richtig ausreizen will, greift zu Apps wie **Local** oder besser noch **Tasker**. Gerade bei Letzterem kann man sich so richtig austoben – den Möglichkeiten sind hier (fast) keine Grenzen gesetzt: bei Ankunft zu Hause das WLAN aktivieren, um Mitternacht in den Flugzeugmodus schalten, morgens um 7 Uhr wieder zurück – und dann auch gleich den Audiostream der Lieblings-Internetradiostation (oder ein Random-MP3 von der Karte) auf die Ohren. Wenn der Kopfhörer angeschlossen wird, gleich den Musikplayer starten – und wenn die Navi-App gestartet wird, GPS anmachen.

Das waren noch die harmlosen Sachen. Wie wäre es damit: Während der Autofahrt eingehende Anrufe und/oder SMS automatisch beantworten lassen? Auch noch zu einfach. Anruf stumm schalten, wenn das Handy auf das Display gelegt wird? Jaaa ... Wifi abschalten, wenn Signal zu schwach? Geht auch. Automatische Freisprechein-richtung (Ton auf Lautsprecher legen, wenn Telefon nicht am Ohr)? Auch das.

Ich könnte noch eine ganze Weile so weitermachen. Alternativ kann aber auch in der Rezeptesammlung bei **Android-Hilfe.DE** (Deutsch) oder in der Profilliste des **Tasker Wikis** (Englisch) nachgeschaut werden. Natürlich gibt es auch bei AndroidPIT zahlreiche Tasker-Threads, etwa mit Vorschlägen für neue Profile. Mit **Tasker** wird uns da kaum jemals der Stoff ausgehen.

21 Unterwegs

Da es hier um Mobiltelefone geht, sind wir natürlich auch mobil. Die Warte- und Reisezeit in Bahn, Bus und Flieger haben wir uns bereits mit Lektüre verkürzt – aber wohin soll es eigentlich gehen? Und wie kommen wir dahin? Das hätten wir doch fast vergessen.

Fahrpläne

Für den ÖPNV (den öffentlichen Personennahverkehr) ist sicher **Öffi** der absolute und ungeschlagene Spitzenreiter unter den verfügbaren Apps – nicht nur aufgrund seines Umfangs, sondern auch seiner Aktualität (ja, mehr als zwei Updates die Woche können manchmal schon ein wenig nerven). Aber wer irgendwo von A nach B möchte, liegt mit dieser App goldrichtig. Und zwar egal ob in Berlin, München, Dresden oder in Wien, Salzburg, Innsbruck oder Graz, Basel ... oder gar

London, San Francisco, Melbourne oder Dubai (aha, daher die ständigen und vielen Updates).

Öffi

Nächste Abfahrtzeiten bei *Öffi*.

Öffi versorgt zielsicher mit Informationen über nahe gelegene Haltestellen (das Smartphone weiß ja, wo es ist – und dafür benötigt die App die Berechtigung für den Standortzugriff) mit Karte, den nächsten Abfahrtzeiten (inklusive etwaiger Verspätungen – hierfür und für die nächsten beiden Punkte wird der Internetzugriff benötigt), Verbindungen und Netzplänen.

Warum **Öffi** auf die Kontakte zugreifen möchte? Damit es auch gezielt zu ihnen führen kann. Oder zu einem im Kalender eingetragenen Treffpunkt. Kalender schreiben? Klar doch, die Verbindung zum Termin. Laut Beschreibung kann es eine Verbindung auch per Mail an ausgewählte Kontakte verschicken – macht ja alles irgendwie Sinn, oder?

▶ ZVV-Fahrplan

Alternativen? Nicht in dem Umfang von **Öffi**, aber klar gibt es sie. Unter anderem viele lokale Spezialitäten wie etwa den ZVV-Fahrplan für Zürich und Umgebung. Wie gewohnt, finden sich in einer Forumsübersicht wieder einmal ausführlichere Informationen.

http://www. androidpit.de/de/ android/forum/ thread/411127/

▶ DB-Navigator

Der *DB-Navigator*.

ZVV-Fahrplan

DB-Navigator

Und was, wenn die Reise noch weitergehen soll? So von Stadt zu Stadt, wo die S-Bahn nicht mehr fährt? Dann wird z. B. zum **DB-Navigator** gegriffen. Klar gibt es hier gewisse Überschneidungen: Diese App bietet Fahrpläne für Deutsche Bahn, S-Bahn, U-Bahn und Bus von VRR, VRS, RMV, VRN, VBB, VGN, VGM, MVV und NVV, für Frankreich (SNCF), Österreich (ÖBB), die Schweiz (SBB) und viele weitere. Sie berücksichtigt nicht den privatisierten Nahverkehr – zeigt aber bei allen anderen Verbindungen etwaige Verspätungen mit an. Sogar buchen soll man mit dieser App können.

▶ TripAdvisor

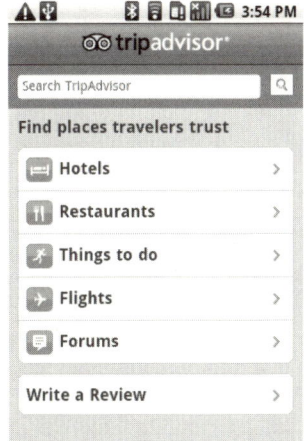

TripAdvisor

TripAdvisor zur Planung einer Reise und für Infos vor Ort.

Was denn, noch nicht weit genug weg? Möchte da wer die Fliege machen und sucht nach Flugverbindung, Hotel und allem, was so dazugehört? Dem soll ebenfalls hier geholfen werden – z. B. mit dem **TripAdvisor**. Wie der Screenshot zeigt, findet man hier nicht nur Flüge und Hotels, sondern auch noch das passende Restaurant und vorhandene Sehenswürdigkeiten. Das Ganze auch gleich mit Bewertungen von Leuten, die schon da waren – und der Möglichkeit, selbst eine Bewertung zu hinterlassen.

Ein Kommentar weist bei dieser App noch auf einen Kniff hin: Man muss die App nicht unbedingt installieren – es gibt auch die zugehörige Webseite mit gleichem Funktionsumfang.

http://www.
androidpit.de/de/
android/forum/
thread/412022/

Navigation

Mit den öffentlichen Verkehrsmitteln kommen wir nun also klar. Wie aber sieht es mit Auto, Rad und zu Fuß aus? Damit beschäftigt sich der aktuelle Abschnitt.

▶ **Google Maps**

littp://www.
androidpit.de/de/
android/forum/
thread/412143/

Google Maps

Google Maps, die bekannteste
unter den Navigations-Apps.

Google Maps ist hier sicher die bekannteste App und auf den meisten Androiden
bereits vorinstalliert. Das kleine Monster bietet eigentlich grundlegend alles, was
zur Navigation benötigt wird – kostenlose GPS-Navigation mit Sprachführung,
Orte finden, Bewertungen, Empfehlungen –, und bindet auch soziale Komponenten ein (Freunde auf der Karte sehen und bei Orten einchecken). Die Routenplanung eignet sich sowohl für die motorisierte als auch die nicht motorisierte
Fortbewegung.

Eine kleine Einschränkung könnte sein, dass man normalerweise dafür eine ständige Netzverbindung benötigt (es ist also
eine sogenannte Offboard-Lösung, da nicht alles Material »on
board« ist). Aber auch das lässt sich umgehen, indem man den
Karten-Cache vorher entsprechend befüllt. Wem der Radius
der von Google angebotenen Pre-Caching-Variante zu gering
ist, der kann dies bequemer auch mit **Maps(+)** erledigen.

Maps(+)

Natürlich gibt es auch hier wieder Alternativen, für die ich jedoch auf den genannten Forum-Thread verweise.

Daneben gibt es aber noch Speziallösungen, die hier zumindest kurz erwähnt werden sollten – etwa **GPS Mate** und **OruxMaps** (Outdoor-Navigation für Radler, Wanderer, Skifahrer, Segler und Piloten sowie Geocaching), **GPS Compass Map** (Erstellen eigener Tracks – also Routenerfassung mit anschließendem Nachschauen, wie man gelaufen/gefahren ist), **Ski Eagle GPS** (für Skifahrer und Pistenfans), diverse Location-Sharing-Apps, GPS-Toolboxen, Speedometer, GPS-Reminder (Wecker, die bei gewissen Koordinaten klingeln: »Da ist die Post – jetzt gib endlich den Brief auf!« oder »Weindepot – da ist noch so viel Platz im Keller ...«) und, und, und. Bei Interesse also wirklich mal einen Blick in den genannten Thread werfen.

GPS Mate

Staumelder & Co.

▶ ADAC Maps

ADAC Maps

ADAC Maps im Einsatz: aktuelle Verkehrsinformationen und mehr.

Als ADAC-Mitglied in deutschen Landen unterwegs? Na, dann verbinden wir das doch gleich mit dem vorigen Thema! **ADAC Maps** bietet Routenplanung für Autofahrer und Fußgänger, eine Umkreissuche sowie europaweite Informationen zu über 30 verschiedenen Informationsarten, darunter Verkehrsflussanzeige, Verkehrs- und Baustelleninfos, Mitgliedervorteile, Sehenswürdigkeiten, Aktivitäten, Restaurants und Wetter. Da ist man unterwegs immer auf dem aktuellen Stand!

Und kann auch selbst zur Aktualität beitragen, indem man die Option *StauScanner* aktiviert. Dann werden regelmäßig anonym Positions- und Geschwindigkeitsdaten verschickt, die zur Verbesserung der Verkehrsflussanzeige und der Staumeldungen beitragen. Man muss natürlich beachten, dass es sich hier um eine »Offboard-Lösung« handelt: Es ist also eine Datenverbindung nötig, sodass bei Nutzung im Ausland entsprechend Roaming-Kosten anfallen.

▶ Stau Mobil

Market-Kommentaren zufolge scheint die App jedoch nicht gerade schonend mit dem Akku umzugehen. Wem es also hauptsächlich um die Staumeldungen geht, sollte auch einen Blick auf Alternativen werfen. Wie z. B. **Stau Mobil**, das auch auf die ADAC-Staumeldungen zurückgreift.

Stau Mobil

▶ Waze

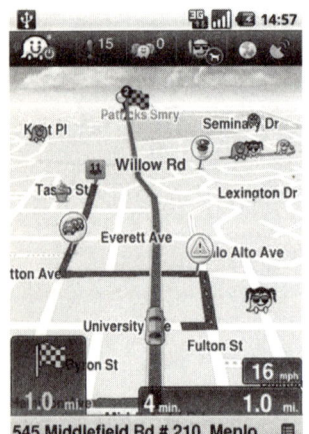

Waze

Guided Tour zu Waze

Waze ist mehr als eine simple Navigations-App.

Und dann sollte ich auch nicht vergessen, die App **Waze** zu erwähnen: Im Market in fast 80.000 Kommentaren mit durchschnittlich 4,5 Sternen bewertet, handelt es sich um mehr als eine kostenlose Navigations-App. Die Community füttert auch hier wieder die Datenbank mit relevanten Informationen zum Verkehrsfluss. Dies kann anonym geschehen – aber registrierte »Wazer« können sich auch gegenseitig »pingen«, worunter man sich einen SMS-ähnlichen Dienst vorstellen muss.

Allein schon durch das Anschalten von **Waze** trägt man zur Qualität des Datenmaterials bei. Aktives Staumelden wird, genügend passive Wazer vorausgesetzt, damit fast unnötig: Wenn auf einem Autobahnabschnitt die Durchschnittsgeschwindigkeit aller dort momentan fahrenden Wazer plötzlich sinkt, ist der Fall klar wie Kloßbrühe: Die haben sich alle gerade gepingt und wollen eine Autobahnparty machen. Oder? Das Naheliegendste: Hier stört etwas den Verkehrsfluss. Und diese Information steht den anderen Wazern, die gerade hierhin unterwegs sind, natürlich sogleich zur Verfügung. Ebenso wie aktive Meldungen von registrierten Benutzern. Nähere Informationen zu **Waze** sind unter anderem auf der Website des Projekts erhältlich.

Pannenhilfe

Eine Rundumhilfe für das Kraftfahrzeug ist nicht nur im Urlaub nützlich. Die passende Hilfe für alle Fälle möchte da **Mein Auto** bieten: Parkplatzmerker und -wecker, Kennzeichenfinder, Benzinkostenrechner, täglich aktuelle Kfz-News, Services wie Hilfe im Schadensfall und bei Panne sowie sogar Erste-Hilfe-Tipps sind hier abgedeckt, und Fahrzeugdaten lassen sich in der App ebenfalls speichern. So hat man eigentlich nahezu alles Erdenkliche zentral an einer Stelle verfügbar.

▶ Mein Auto

Mein Auto

Die App *Mein Auto* ist ein Alltagshelfer für Kraftfahrer.

Dafür muss man allerdings damit leben können, dass die App mit einer Größe von über 4 MByte daherkommt und Berechtigungen zum selbstständigen Telefonieren erfordert – und darüber hinaus Zugriff auf Kontakt- und Kalenderdaten sowie Internet. Eine in Sachen Datenschutz mit Vorsicht zu genießende Kombination. Hier muss jeder für sich selbst entscheiden, ob er/sie das entsprechende Vertrauen aufbringen kann. Allerdings arbeitet die hinter der App stehende OEV Online Dienste GmbH mit zahlreichen Versicherungen und Sparkassen zusammen, sodass nicht von »gefährlichen Aktivitäten« auszugehen sein sollte.

▶ AutoMobil App Provinzial

Schnelle Hilfe bei Panne und Unfall verspricht die **AutoMobil App Provinzial**. App starten, Button drücken – und das Wichtigste ist erledigt. Dahinter steht ein 24/7-Service der ÖRAG-Service GmbH.

AutoMobil App
Provinzial

Schnelle Hilfe bei Panne und Unfall
verspricht die *AutoMobil App Provinzial*.

Die App bietet darüber hinaus absichtlich kurz gehaltene »Verhaltensregeln« (was mache ich, wenn ...) und beinhaltet eine Zusammenfassung der wichtigsten Telefonnummern einschließlich der eigenen Notrufnummern. Im Adressbuch des Geräts gespeicherte Kontaktdaten können direkt übernommen werden (daher die entsprechende Berechtigung). Als kleines Schmankerl gibt es dazu den Parkplatzmerker, der die Route zum geparkten Fahrzeug auf Knopfdruck ermittelt. In einem

Notizfeld kann dabei auch z. B. die Parkplatznummer hinterlegt werden, sodass man sein Auto auch in einem größeren Parkhaus noch wiederfindet.

Diese App fordert übrigens wieder Zugriff auf Kontaktdaten und Internet. Aber so viel Vertrauen kann man zu seiner Versicherung vielleicht noch aufbringen.

Neben diversen Apps der Sparkassen und einiger Versicherungen geht natürlich auch der ADAC hier mit zwei Apps ins Rennen: dem **ADAC Nothelfer** und der **ADAC Pannenhilfe.** Details dazu gibt es in der Forumsübersicht. Dort finden sich auch noch einige Apps für die Pannenhilfe im Ausland.

http://www.
androidpit.de/de/
android/forum/
thread/431933/

Reiseführer

Bei Reiseführern können wir – wie schon bei den Navigationslösungen – in Onboard- und Offboard-Lösungen unterscheiden. Letztere sind in der Regel auf einem aktuelleren Stand, da alle Änderungen sofort überall verfügbar sind, und erlauben gegebenenfalls auch sofortiges Feedback. Dafür benötigen sie aber auch eine Datenverbindung. Die Onboard-Lösungen haben dagegen alles Material »an Bord« und benötigen daher keine Datenverbindung – dafür muss man aber daran denken, vor Abreise alles installiert (und aktualisiert) zu haben.

Eine weitere Unterteilungsmöglichkeit wäre die in »universell« und »an bestimmte Orte gebunden«. Klar ist: Universell und onboard würde wahnsinnig viel lokalen Speicherplatz benötigen – sicher einer der Gründe, warum ich keine derartige Lösung finden konnte.

▶ Wapedia

Eine globale Offboard-Lösung ließe sich mit der App **Wapedia** realisieren, da diese unter anderem auch Zugriff auf Wikitravel bietet. Als Nebeneffekt hat man bei Bedarf weitere Wikis, z. B. die bekannte Wikipedia, bei der Hand. Dazu ein Such-Widget und Live-Folders: Lesezeichen, Verlauf und »Recent Wikis«, also die, auf die man zuletzt zugegriffen hat. Auch der übliche *Share*-Button darf natürlich nicht fehlen: Verschickt wird hier natürlich nicht der Inhalt, sondern der Link dazu. Eine alternative Offboard-Lösung ließe sich mit einem Lesezeichen auf *m.wikitravel.org/ de/* realisieren.

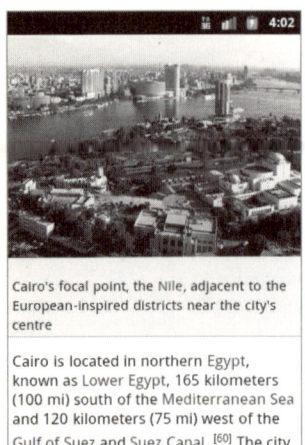

Wapedia

m.wikitravel.org/
de/

Wapedia mit Reise-Wiki.

▶ Tripwolf

Tripwolf

Tripwolf integriert unter anderem
Reiseführer von Marco Polo und Footprint.

Tripwolf erinnert auf den ersten Blick ein wenig an den bereits vorgestellten
TripAdvisor und lässt sich in gewissem Maße auch durchaus damit vergleichen.
Reiseempfehlungen kommen von der eigenen Community, der man sich natürlich
gern anschließen kann. Dazu kommen Reiseinfos aus Marco-Polo- sowie Foot-

print-Reiseführern. Mit dabei sind auch Stadtpläne, kostenlose Updates und ein Gratisreiseführer für Palma de Mallorca. Letzteres bedeutet, zwischen den Zeilen gelesen, alle anderen kosten etwas. Und zwar ca. 4 Euro pro Stück.

Anders als **TripAdvisor** bietet **Tripwolf** jedoch einen Augmented Reality Viewer zur Erkennung der Sehenswürdigkeiten in der Umgebung. Auch themenspezifische Touren (z. B. »24 Stunden in Barcelona«, »Currywurst-Guide für Berlin«) werden angeboten. Die App ist übrigens in fünf Sprachen verfügbar: Deutsch, Englisch, Italienisch, Französisch und Spanisch. Die meisten Daten hält die App übrigens onboard – einzig das Kartenmaterial ließ sich hier noch nicht integrieren.

Virtual Sight Seeing

Alle Tickets gebucht, Verbindungen herausgesucht, Hotel gefunden – was bleibt da noch zu tun? Nun, man kann sich ja schon einmal virtuell am Urlaubsort umsehen. Dafür bietet sich beispielsweise die App **PhotSpot** an:

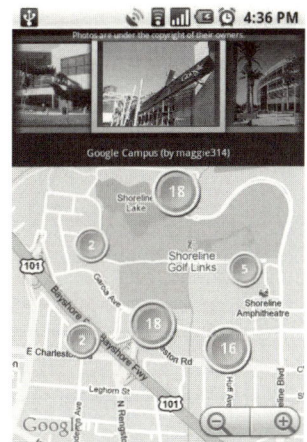

PhotSpot

PhotSpot integriert diverse Bilderdienste in Karten von Google Maps.

Bei dieser App handelt es sich um ein Mash-up, eine Zusammenstellung aus Google Maps und diversen Bilderdiensten, die mit Geotags versehene Fotos hosten – wie z. B. Flickr und Picasa. Nach dem Start der App navigiert man, wie aus Google Maps gewohnt, zum gewünschten Ort oder benutzt die Suche, öffnet dann das Menü und lässt nach Bildern suchen. Besonders beliebte Fotoobjekte stellen sich dann, wie auch im Screenshot zu sehen, als »Cluster« dar: Die Nummer verrät, wie viele Bilder der ausgewählte Bilderdienst hier gefunden hat. Tippt man den Cluster an, öffnet sich über der Karte eine kleine Galerie mit der Bildvorschau.

Natürlich kann man sich die Fotos nun auch groß anzeigen lassen. Oder genauer schauen, was da fotografiert wurde; Was gibt es laut Google an diesem Ort? Hat man etwas entdeckt, was man sich gern in natura ansehen möchte, markiert man es einfach. Und versieht es optional noch mit einem Tag. Oder lässt sich gleich die Route vom Hotel zur Sehenswürdigkeit berechnen. Alles zu beschreiben, ginge hier sicher ein wenig zu weit. Doch auf der Website des Projekts gibt es ein Video, das die Funktionalität gut veranschaulicht.

http://erdao.info/
blog/justmemo/
?page_id=275

▶ **mobeedo**

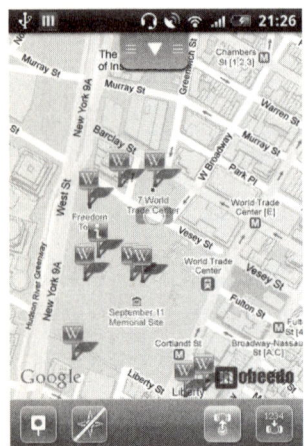

mobeedo

mobeedo bietet Hintergrundinformationen zu Örtlichkeiten.

Wer es mehr auf Hintergrundinformationen abgesehen hat, greift stattdessen vielleicht eher zu **mobeedo**. Auch hier liegt wieder Google Maps zugrunde – doch anstelle der Fotos sind in diesem Fall Hintergrundinfos etwa aus der Wikipedia eingepflegt. Aber nicht nur: Jeder kann hier aktiv mitpflegen und Inhalte hinterlegen, die dann sofort der Community zur Verfügung stehen. So findet sich bei einem Bahnhof auch schon mal ein Link zur Abfahrttafel. Inklusive Verspätungsangaben.

Auch am Urlaubsort selbst kann die App weiter dienlich sein, sofern man über eine Netzverbindung verfügt: Fußgänger werden hier einmal anders navigiert. Die gewünschte Sehenswürdigkeit markiert und den Androiden ins Querformat gebracht, muss nun lediglich dem Pfeil gefolgt werden. Kleiner Haken: Es lässt sich nicht unbedingt klar erkennen, wie weit es ist und wie lange man unterwegs sein wird.

Damit ist der Funktionsumfang keinesfalls vollständig beschrieben. Auch die verfügbaren Informationen nicht – denn neben Wikipedia und öffentlichem Nahverkehr finden sich hier auch das Ortswetter, Touristikinformationen, Währungsrechner, Geotag-Games, Radarfallen und Stauwarnungen.

Lokalkolorit

Was soll das denn jetzt sein? Wenn man reist, findet man viele lokale Gegebenheiten vor. Viele unterschiedliche. Touristen erkennt man häufig am (immer weniger um den Hals hängenden) Fotoapparat, am ständigen Knipsen und oftmals auch am unkoordinierten Rascheln und Drehen des Stadtplans. Die Einheimischen ziehen höchstens einmal das Handy heraus – um zu schauen, wie spät es ist.

So wie der Typ da drüben. Hm, komisch: Der Kleidung nach ist der aber von ganz woanders. Scheint jedoch genau zu wissen, wo er hier was findet. Eben vertraut mit den lokalen Gegebenheiten. Handy gezückt, zehn Sekunden – und schon wusste er, wo die nächste Szenekneipe ist! Holla!

▶ Aloqa

Aloqa

Aloqa verspricht, einen schnell mit allen Lokalitäten vertraut zu machen.

Man ahnt es schon: Da war eine App im Spiel. »Allways be a local« – mit diesem Slogan wirbt **Aloqa**. Die verfügbaren Informationen sind in sogenannten Kanälen organisiert, etwa Theater, Restaurants, Krankenhäuser etc. So kann jeder die Kanäle abonnieren, die ihn interessieren – und die anderen ignorieren. Den aktuellen Standort ermittelt **Aloqa** via GPS – wie oft die App das tun soll (angefangen von »alle 5 Sekunden« bis hin zu »gar nicht«, also manuell – per Default immer dann, wenn man die App in den Vordergrund holt), lässt sich nach eigenen Bedürfnissen konfigurieren, damit man den Akkuverbrauch ein wenig unter Kontrolle halten kann. Pro Kanal kann man auch einstellen, ob nach neuen Inhalten gesucht und wie man auf selbige aufmerksam gemacht werden soll.

Die Möglichkeiten umfassen hier: nicht aktualisieren, still und heimlich aktualisieren, vibrieren bei neuen Inhalten oder einen Alarmton abgeben.

Da die Informationen somit immer recht aktuell sind, sind es in der Tat nur wenige Klicks bis zur nächsten Szenebar. Oder zu McDonalds. Oder zum Schuhladen – weltweit. Und wem das nicht reicht, der erstellt einfach seinen eigenen Kanal.

http://www.aloqa.
com/Publishers

Wer's lieber spezifischer und lokaler haben möchte, kann natürlich alternativ auch zu anderen Apps greifen. Etwa zu *meinestadt.de*.

meinestadt.de

Routen- und Reisetagebuch

Wann fängt man mit der Aufzeichnung der Routen an? Unterwegs? Oder schon vorher? Die eine oder andere Route möchte man ja vielleicht bereits zu Hause planen.

▶ Viewranger GPS

Und um das ultimative Planungstool scheint es sich bei **Viewranger GPS** zu handeln: Die Route wird bequem zu Hause erstellt. Auf dem Androiden oder am PC – von Letzterem kann sie dann zu Ersterem synchronisiert werden. Aus dem heimischen WLAN auch gleich alles benötigte Kartenmaterial herunterladen, und schon wird unterwegs keine Datenverbindung mehr benötigt. Sogar Zusatzinformationen aus Reiseführern etc. stehen zum Download zur Verfügung. Auch können Routen im GPX-Format importiert werden.

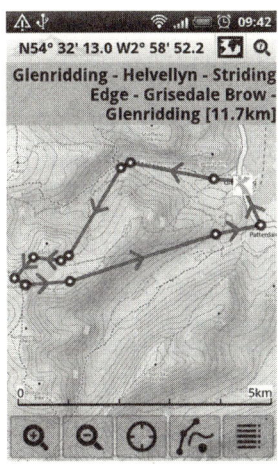

Viewranger GPS

Mit *Viewranger GPS* kann man Routen im Voraus erstellen und auch unterwegs aufzeichnen.

Unterwegs ist dann ein Tracking der Route möglich, auch können »Waypoints« manuell hinzugefügt werden. Was vergessen? Es lassen sich fertige Routen herunterladen. Und wer möchte, kann seinen Standort mit Freunden teilen bzw. deren Standort anzeigen lassen.

▶ Trip Journal

Trip Journal

Mit *Trip Journal* lässt sich ein Reisetagebuch quasi nebenbei erstellen.

Geht es jedoch um das Führen eines Reisetagebuchs, scheint mir kaum ein Weg an **Trip Journal** vorbeizuführen. Die Reise wird quasi im Hintergrund protokolliert, wahlweise lassen sich auch zusätzlich oder stattdessen (in der Kaufversion) Waypoints manuell erzeugen. Fotos und Videos können integriert werden – indem man sie entweder direkt aus **Trip Journal** heraus aufnimmt oder später manuell einbindet. Und natürlich kann man Kommentare hinzufügen.

Ein Export kann jederzeit im KMZ-Format erfolgen, um die Lieben daheim aus dem Hotel-WLAN – oder natürlich auch über das mobile Netz, falls gewünscht – auf den aktuellen Stand zu bringen. Am Ende der Reise steht ein schönes Reisetagebuch zur Verfügung, und man kann selbst am heimischen PC den Urlaub mit Google Earth noch einmal durchleben.

Wer jedoch auch nur geringfügig paranoid oder sehr vorsichtig veranlagt ist, dem darf ich an dieser Stelle nicht verschweigen: Die App möchte auch Zugriff auf die Kontaktdaten haben – was bei gleichzeitiger Internetberechtigung durchaus zur Vorsicht mahnt. Gedacht scheint mir das jedoch für die »Zwischendurch-Informationen« nach Hause – auch wenn sich diese sicher ebenfalls über die *Share*-Funktionalität abbilden ließen.

Für die Kaufversion fallen einmalig ca. 3 Euro an. Wer mit leichten Einschränkungen leben kann, findet jedoch auch eine Gratisversion, die zum Testen der Fähigkeiten und für einfache Einsätze sehr gut geeignet ist.

Natürlich gibt es noch eine ganze Reihe weiterer Apps, die je nach eigenen Bedürfnissen und Geschmäckern in diesem Umfeld zum Einsatz kommen können. Eine passende Übersicht findet sich bei AndroidPIT.

http://www.
androidpit.de/de/
android/forum/
thread/431263/

Ortsbasierte Notizen und Memos

Hier war es schön! Oder: Hier gibt es die beste Pizza! Da gibt es so manches, was eine ortsbasierte Notiz sinnvoll macht.

▶ SpotPad

SpotPad

Mit *SpotPad* lassen sich Notizen an Orten befestigen.

Oftmals reicht eine einfache Textnotiz zu den ausgewählten Örtlichkeiten – und dafür kann eine App wie **SpotPad** zum Einsatz kommen, die – wie man sieht – die erstellten GPS-Notizen schön übersichtlich darstellt: Neben der Kurzbeschreibung findet sich auch gleich ein kleiner Kartenausschnitt. Für die Koordinaten verwendet die App wahlweise GPS oder den netzbasierten Standort. Die eigene Sammlung wird dabei als KML-Datei auf der SD-Karte abgelegt; so kann man sie bequem auf den PC übertragen, um sie dort mit Google Maps oder Google Earth zu nutzen – oder in die eigene Homepage zu integrieren.

▶ SpotMarker

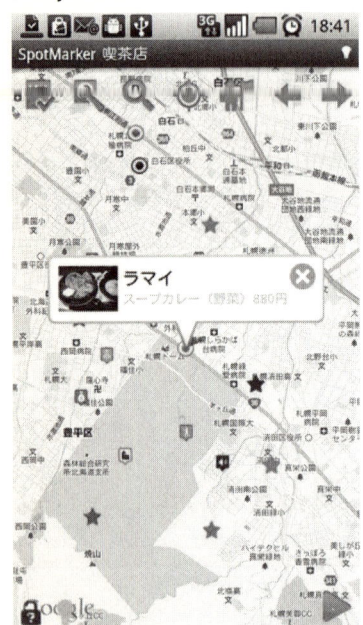

SpotMarker

SpotMarker erlaubt Markierungen
mit Foto und Text.

Oder sollte vielleicht doch ein Foto mit dabei sein? Dann wäre vielleicht **Spot-Marker** die richtige App, denn sie erlaubt Markierungen mit Foto und Text. Eine einzelne Notiz lässt sich aus der App heraus auch per Mail verschicken – die komplette Sammlung exportiert man wahlweise als GPX- oder KML-Datei. Die Orts-erfassung erfolgt hier wahlweise über GPS, netzbasiert oder per Suche über eine eingegebene Adresse.

▶ Squirrel

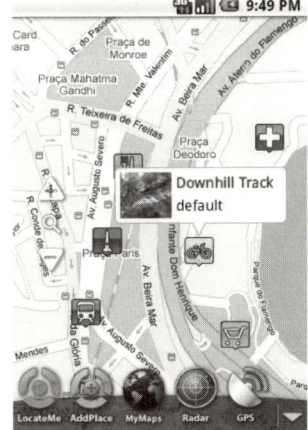

Squirrel

Textnotizen, Fotos, Videos und Audioaufnahmen mit Ortsmarkierung beherrscht die App *Squirrel*.

Heißt es hingegen »Alles oder nichts!«, dann ist doch eher **Squirrel** die App der Wahl. Denn sie ist in diesem Zusammenhang ein echter Alleskönner: Textnotizen, Fotos, Videos und Audioaufnahmen lassen sich zusammen mit einer Ortsmarkierung speichern, wobei Letztere wahlweise per GPS oder netzbasiert bestimmt werden kann. Mit einem Full-Screen-Radarbildschirm kann man sich anzeigen lassen, ob gerade einer dieser Orte in Reichweite ist – aber selbstverständlich geht das auch auf der Karte. Die ganze Sammlung lässt sich im GPX-Format exportieren. Auch ein Teilen (*Share*) via SMS, MMS, E-Mail oder Twitter ist möglich. Eine Gratisversion ist verfügbar – für die Vollversion sind lediglich 0,50 Euro fällig.

▶ **GeoCam**

Soll es hingegen so richtig rund gehen, greift man zur
»Augmented Reality«. Und nimmt eine App wie **GeoCam** zur
Hand. Diese nutzt die Kamera des Androiden und blendet
zusätzliche geografische Informationen ein – etwa Kompass-
ausrichtung und GPS-Informationen. Fotos können sofort in
Google Maps (oder später auf dem PC in Google Earth) angezeigt werden, auch Geonotizen lassen sich speichern und auf
der Karte oder im AR-Modus anzeigen. Eine KMZ-Datei für
Google Earth kann ebenfalls direkt exportiert werden – und
beinhaltet auf Wunsch auch die zugehörigen Fotos.

GeoCam

http://www.
androidpit.de/de/
android/forum/
thread/431146/

GeoCam bietet Augmented Reality.

Mehr Informationen und weitere Apps zum Thema »ortsbasierte Notizen« finden
sich natürlich wieder im Forum von AndroidPIT.

WLAN-Scanner

Was macht man eigentlich im Ausland so ganz ohne mobile Daten? Das heimische
WLAN konnte man ja nicht mit in den Urlaub nehmen. Mit etwas Glück bietet das
Hotel ja Ersatz – aber weiß man das vorher?

▶ WeFi

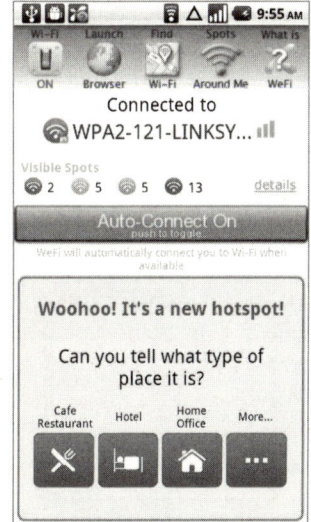

WeFi

WeFi-Homepage

Mit *WeFi* lassen sich weltweit passende WLANs aufspüren.

Das sollte man eigentlich. Zum einen erfährt man es aus den Hotelinformationen. Wenn da nichts steht, gibt es keines, denn wer vergisst schon solche Werbung? Und zum anderen gibt es genau dafür Apps wie **WeFi**. Kenne ich schon aus Symbian-Zeiten. Da steckt natürlich wieder einmal eine Community dahinter – und so kann man sich vor Urlaubsantritt bereits auf der Website darüber schlau machen, wie es um das WLAN am Urlaubsort bestellt ist.

Vor Ort greift schließlich der On-demand-Scanner und schaut nach, welche Netze in Reichweite sind. Die werden dann auch gleich in Kategorien eingeteilt: offen, mit verifiziertem Internetzugang – offen, Log-in benötigt – gesperrt. So vorhanden, gibt es auch Hintergrundinfos: »Gehört zu einem Café/Restaurant/Hotel« oder »Ist privat«. In Sachen Datenschutz sind Kombinationen aus »gesperrt« und »Hotel/Café/Restaurant« gut – denn das heißt in der Regel: Gäste zahlen zwar nicht gesondert, müssen sich aber das passende Log-in erteilen lassen. Was den Zugang von Bösewichtern zwar nicht gleich ausschließt, aber doch zumindest minimiert ...

Entdeckt jemand ein noch nicht erfasstes WLAN, freut sich die Community natürlich über die Daten. Und der nächste **WeFi**-Nutzer, der in der Gegend zu tun hat, wird es danken!

Natürlich gibt es noch eine ganze Reihe weiterer WLAN-Scanner. Nicht zuletzt ist einer davon ja bereits im System integriert und verrät, welche Netze sich in Reichweite befinden und ob sie verschlüsselt sind und, wenn ja, wie (WEP/WPA/...). Bei Interesse empfiehlt sich dafür ein Blick in die passende Übersicht im Forum.

http://www.
androidpit.de/de/
android/forum/
thread/429837/

Shopping

Da stehen wir nun in der Shopping-Meile und haben dieses tolle XYZ in den Händen. Taugt das was? Stimmt der Preis? Gibt es das vielleicht nebenan günstiger? »Ja, ja, nein«, wird der Verkäufer sagen und die Geschichte vom Pferd erzählen. Denken wir jedenfalls. Und die Chance besteht ja, immerhin will er was verkaufen. Aber stimmt dieser Verdacht?

▶ Barcoo

Barcoo

Barcoo – eine App, die Informationen und Preisvergleiche zum via Barcode identifizierten Produkt parat hat.

Der Klassiker schlechthin in diesem Bereich nennt sich **Barcoo**, ist gratis im Market erhältlich, und »scannt dich glücklich«. Na klar: Drehen wir doch mal das XYZ in der Hand, da ist bestimmt irgendwo ein Barcode drauf. Den scannen wir mit **Barcoo** ein – und sehen dann einen Bildschirm ähnlich dem abgebildeten Screenshot. Aha: online also für diesen Preis. Und was es taugt, das könnten die Nutzerbewertungen aussagen. Gibt es Shops in der Nähe, die XYZ zu einem günstigen Preis anbieten, werden auch die angezeigt – sogar auf der Karte.

Sein volles Potenzial spielt **Barcoo** aber bei Lebensmitteln aus: Inhaltsstoffe werden hier ebenso aufgeführt wie die »Lebensmittel-Ampel«, die unsere Politiker nach gründlichem Überdenken ja vielleicht 2057 einführen werden (oder auch nicht). Kurzum: Das wäre meine Empfehlung in diesem Bereich.

▶ Woabi

Dann wären da natürlich noch weitere Schnäppchenjäger-Apps, zum Beispiel das allseits beliebte **Woabi** (woanders billiger). Oder Gutschein-Apps. Dinger, die auf Sonderaktionen (»Heute: Friss-die-Hälfte zum doppelten Preis« oder umgekehrt?) hinweisen. Achtung – jetzt kommt der übliche Spruch: einfach einen Blick in den passenden Forum-Thread werfen!

Woabi

http://www.
androidpit.de/de/
android/forum/
thread/411169/

Stichwortverzeichnis